Les Énigmes de l'Histoire

COLLECTION PUBLIÉE SOUS LA DIRECTION

DE M. MAURICE VITRAC

DE LA BIBLIOTHÈQUE NATIONALE

1. MARIE ADÉLAÏDE DE BOURBON-PENTHIÈVRE.
Duchesse d'Orléans.

2. MARIE ADÉLAÏDE DE BOURBON-PENTHIÈVRE.
A Vingt Ans.

3. Mme ADÉLAÏDE.
Sœur de Louis-Philippe.

4. MARIA-STELLA NEWBOROUGH.

Maurice VITRAC

de la Bibliothèque Nationale

Philippe-Égalité

et

M. Chiappini

HISTOIRE D'UNE SUBSTITUTION

*Ouvrage orné d'un frontispice gravé
et d'un fac-simile d'écriture*

PARIS

HENRI DARAGON, ÉDITEUR

30, RUE DUPERRÉ, 30

—

1907

INTRODUCTION

———

Il est, en histoire, un assez grand nombre d'énigmes, problèmes étranges, parfois troublants, restés sans solution, et qui doivent à l'obscurité même qui les entoure d'avoir de tous temps piqué la curiosité et retenu l'attention. Morts suspectes, naissances mystérieuses, associations secrètes, crimes supposés, passés sous silence ou traités de façon hâtive par l'histoire officielle que préoccupent de plus vastes desseins, toutes ces choses obscures, ignorées des contemporains ou murmurées par eux, sont devenues assez vite la proie de la chronique et du roman. Elles n'apparaissent plus que dénaturées par la légende, déformées par l'ignorance ou grossies par les passions politiques. Notre époque curieuse d'inconnu mais soucieuse de vérité, ne saurait se satisfaire de la légende. Il nous a paru qu'on ferait œuvre utile en étudiant ces ENIGMES DE L'HISTOIRE d'après les méthodes de la critique moderne.

Leur importance historique est du reste diverse. Les unes piquent surtout la curiosité : les étudier c'est seulement ajouter quelque chose à la connaissance d'un milieu ou d'un moment, sans qu'il semble importer essentiellement à l'histoire générale. — Il est assuré en effet que rétablir la généalogie exacte des *LÉONARD, Coiffeurs de la Reine Marie-Antoinette,* et faire connaître la place qu'ils occupèrent à la Cour, c'est apporter une contribution de détail à l'étude du xviiie siècle. Encore est-il curieux de pénétrer avec eux dans l'intérieur de la Maison de la Reine, utile de connaître les relations de Marie-Antoinette avec son entourage et tels évènements considérables auxquels ces minces serviteurs furent mêlés.

Ainsi en va-t-il encore du *PARC-AUX-CERFS*. La littérature révolutionnaire y a vu « le gouffre de l'affreux déficit, » la ruine de la fortune de la France, les romanciers un prétexte à imaginer et à peindre des tableaux suggestifs, sans que nul sut encore il y a quelques années cette chose essentielle, que cette sorte de sérail où l'on offrait des vierges à la lubricité d'un monarque n'a jamais existé. Il n'est pas indifférent à qui veut connaître la psychologie de Louis XV et l'Histoire de savoir jusqu'où allait l'immoralité du Roi.

Pour quelques-unes de ces Enigmes la question qui se pose est plus haute. Il est tel problème qui peut intéresser toute une époque et pour citer une question qui sera traitée dans la Collection, il est assuré, par exemple, qu'une étude sur *LES PHILADELPHES*, cette société secrète dont l'existence était mise en doute il y a quelques années encore, éclairera d'un jour nouveau l'état d'esprit de l'armée impériale.

Enfin, et pour prendre un dernier exemple, considérons *L'AFFAIRE CHIAPPINI*. On sait quelle prétention éleva Maria-Stella Chiappini. Baptisée comme fille d'un geôlier italien, elle voulut établir par témoignages et faire admettre par un tribunal, qu'elle était en réalité née du duc de Chartres (plus tard Philippe-Egalité) et de la duchesse, voyageant en Italie. On lui aurait substitué un jeune garçon né le même jour de la femme de Chiappini : ce fils Chiappini ne serait autre que Louis-

Philippe par la suite Roi des Français. *D'Orléans ou Monsieur Chiappini* ? La famille d'Orléans ayant dès longtemps oublié la royauté philippiste et populaire pour ne se réclamer que de la légitimité, c'est une question dynastique qui se pose. On soupçonnait déjà Philippe-Égalité d'être le fils d'un cocher, il est particulièrement utile, pour les royalistes de droit divin, de savoir si Louis-Philippe est celui d'un geôlier italien.

L'AFFAIRE CHIAPPINI a, peut-on dire, occupé l'histoire et défrayé la presse depuis 1830, date de la première édition des mémoires où Maria-Stella racontait sa vie et exposait ses prétentions. Tous les biographes de Louis-Philippe Michaud, Castille, Nettement, Gazeau de Vantibault, Guenot, Montrey, Billaut de Gérainville, Louis Blanc, etc... rencontrant la question Chiappini, ou n'ont pas osé l'aborder et l'étudier avec franchise, ou s'en sont fait une arme contre la famille d'Orléans, en polémistes qui se donnant figures d'historiens.

Comme d'autre part les mémoires de Maria Stella ont été réédités trois fois traduits en allemand en italien contrefaits, accommo-

dés en brochures de propagande politique (1),
on peut dire que le problème Chiappini n'a
jamais cessé de retenir l'attention publique.

Il y a quelques vingt-cinq ans une série
d'articles parus dans *l'Indépendant de Bou-
logne* (oct. 1883), surtout une brochure publiée par M. Perrot de la Rochemontoise (2)
sous un titre à scandale : *Non il n'y a plus de
Maison d'Orléans* (1884), et dont beaucoup de
journaux s'occupèrent lui donnèrent un regain
d'actualité. Plus récemment une longue étude
sur la question paraissait dans la *France* signée
de M. de Saint-Félix (sept. 1885) la *Nation*
lui consacrait un supplément en 1886, nombre
d'articles étaient insérés dans la *Légitimité*
(1884, 1888, 1889) dans le *Réveil National* dans
l'Avant-garde de l'Ouest et dans *la Sentinelle
Française* (1892-1893). Diverses brochures :
Les d'Orléans d'après nature (Lyon 1885) —
*Philippe VII prétendant au trône de France
fils d'un geôlier* (Paris 1886) — *Orléans ou*

<hr>

1. C. P. Ludwig Philipp König der Franzosen ist nicht der
Sohn des Herzogs Joseph Philipp von Orléans (Berne, Jenni
fils, 1847). — « Variétés historiques sur le fils de Lorenzo
Chiappini, » (Epernay 1848).

2. Ce pseudonyme cachait M. Perrot, de Tours et l'abbé
Le Baillif.

Chiappini (Paris 1895), qui tous reprodui-
saient avec des commentaires sans intérêts
quelques fragments des Mémoires de Maria-
Stella, montrèrent assez que l'Affaire Chiappini préoccupait une certaine opinion. En
1889 un groupe de légitimistes lyonnais mon-
tèrent à leur frais un drame historique en 4
actes et 6 tableaux *Maria-Stella ou le dernier
des d'Orléans*, d'un auteur inconnu Maurice
Nevers (Mademoiselle Marie Vernet). Ce
drame, interdit par la censure, n'eût au théâtre de la Renaissance qu'une seule repré-
sentation, privée, mais toute la presse parisienne en rendit compte. Ce fut en termes
sévères. Il est vrai que l'auteur s'était borné
à découper en tableaux les Mémoires de
Maria-Stella, à imaginer une intrigue amoureuse, puérile, que le drame était écrit en
une langue fâcheuse (1). De tels reproches
n'étaient pas pour être sensibles à Mademoiselle Vernet. Ce qu'elle avait souhaité
c'était mener du bruit autour de la question

1. M. A. Schmid héritier des manuscrits de Mademoiselle
Vernet et M. Gaumy ont bien voulu nous communiquer le
texte non seulement de ce drame, mais encore tous les papiers
concernant l'affaire Chiappini venus en leur possession. Nous
tenons à les en remercier ici.

Chiappini, attaquer la famille d'Orléans pour
qui elle professait une haine vigoureuse.
C'est dans le même esprit qu'elle avait écrit
une manière de parodie de *En revenant de la
revue*, qui triomphait alors et qu'elle se fit
la collaboratrice active et passionnée de M.
Paul Dumont quand il entreprit d'élever le
monument historique qui devait tout ensemble
établir les droits de Maria-Stella au titre
de princesse d'Orléans et prouver la hon-
teuse naissance de Louis-Philippe.

*D'Orléans ou Chiappini? Secret diploma-
tique de Modigliana. Recherches historiques
par Paul Dumont* (Assen H. Born, 1890).
Sous le pseudonyme de Paul Dumont se dis-
simulait modestement M. Duquesne, frère de
Madame Adalbert Naundorff et on devine
dans quel dessein ces prétendues recherches
historiques avaient été faites. Les écri-
vains orléanistes avaient de bonnes raisons
de douter que Naundorff fut Louis XVII,
n'était-il pas de bonne guerre que le parti
Naundorffiste s'efforça d'établir que Louis-
Philippe étant né d'un geôlier italien les prétentions de la Maison d'Orléans à la couronne
de France étaient ridicules. Il n'existe que peu
de livres où se montre, plus que dans celui de

M. Paul Dumont, une ignorance complète
d'une époque et d'un sujet, plus de confusion,
un aussi grand luxe d'hypothèses, de supposi-
tions destinées à obscurcir les choses les plus
claires et les mieux connues. M. Dumont qui
n'a pu trouver dans la *Gazette de France* ce
que chacun y peut lire, a par contre lu dans
tous mémoires ce qui n'y était point. Un
exemple montre assez la valeur historique
d'un tel livre. L'auteur consacre un long
chapitre, qu'il juge capital, a établir que Louis
Philippe ne fut pas baptisé. On devine le
commentaire : l'Église s'est refusée à la comédie qui consistait à baptiser sous un faux
nom un enfant qui l'avait été déjà, en Italie.
Pourquoi M. Dumont n'a-t-il pas eût la ban-
nale pensée d'avoir recours aux registres de
baptême de l'Église royale de Versailles, il
eût trouvé à la date du 12 mai 1788 un acte
de baptême en excellente forme, acte que
Louis XVI et Marie-Antoinette ont signé
comme parrain et marraine, et après eux,
comme témoins, tous les princes de la Maison de France.

Qu'un tel livre puisse déterminer des opi-
nions, il le faut croire puisqu'il ne se passe
point d'années ou l'Affaire Chiappini ne don-

ne matière à quelque écrit. Il nous paraît
qu'après avoir lu les pages qui suivent l'Énig-
me aura vécu (1).

1. Un travail italien sur le même sujet du Dr Vecchi
annoncé dans la préface du Viaʒʒo della duchessa de Chartres
paru en 1901 n'a pas encore paru.

CHAPITRE PREMIER

L'histoire de la cour de France pendant
l'année 1769, qui est celle du mariage du duc
de Chartres, est particulièrement curieuse :
c'est une date décisive, celle de l'installation
à Versailles de Mme du Barry.

La liaison de Louis XV et de sa maîtresse
date de quelques mois à peine. On n'a voulu
y voir d'abord qu'une fantaisie royale, on a
cru que « la du Barry », tout comme « la
Morphise », n'occuperait le roi que quelques
semaines, peut-être quelques mois. Dès que
le bruit s'accrédite que ce n'est point là une

amourette, mais une passion, et qui peut
avoir des lendemains, la coterie Choiseul,
dont le projet était de donner une maitresse au roi pour garder le pouvoir,
s'insurge, déchaîne la meute de ses chan-
sonniers et de ses libellistes à gage. Coup
sur coup on apprend que « la du Barry »
habite, au château de Versailles, l'ancien
logement de Lebel valet de chambre du roi,
qu'elle va être présentée à la cour, être
« maîtresse déclarée ». Les courtisans
devinent, à l'attitude intransigeante de M. de
Choiseul, que derrière l'élue nouvelle toute
une cabale se forme, que la cour va devenir,
plus qu'à l'ordinaire encore, un terrain
singulièrement difficile et glissant.

N'était un accident, d'ailleurs sans gravité,
arrivé au roi à la chasse, c'est en février que
la présentation aurait lieu ; en mars, on
est tout occupé par les préparatifs du mariage
Chartres-Penthièvre, on attend donc avril.
Le 22, sous la conduite de Mme de Béarn, la
« comtesse du Barry », comtesse d'hier, est

présentée au roi, puis, suivant l'usage va
faire sa cour à la famille royale. Quelques
jours plus tard elle soupe à Bellevue, dans
le château amoureusement bâti par la marquise de Pompadour, en compagnie du roi,
du prince de Soubise, du duc de Gontaut, de
MM. de Choiseul et de Saint-Florentin. Le
choix du logis n'est pas un hasard, c'est un
cadre voulu pour une présentation intime,
faite par le roi à ceux auxquels il est attaché,
à qui il entend marquer que Mme du Barry
succède à Mme de Pompadour : Louis XV a désiré
placer sous leur patronage la favorite nouvelle.
Le duc de Choiseul est le seul qui garde
une réserve impertinente. Il devient assuré
que la lutte ne saurait tarder entre le ministre
et la maîtresse; tout aussitôt, à la cour, les
partis se dessinent.

Dans la famille royale M. de Choiseul
compte des ennemis irréductibles. Il y a quatre
ans que le premier Dauphin est mort, deux
ans que la Dauphine a emporté dans la tombe
l'espoir de gouverner Louis XV. Mais leur

parti, qui est celui des dévots, n'a pas désar-
mé et ne pardonne point à Choiseul l'expulsion des jésuites. Il a, au reste, un appui
assuré auprès de Mesdames, auprès de
Madame Adélaïde surtout. L'ainée des filles
du roi, dont les trente-huit ans s'adornent
de moustaches, a des idées nettes et le goût
de l'autorité. Sous sa forte volonté, Madame
Victoire, dont l'apathie ne s'éveille guère
qu'à l'approche des repas, s'incline, et
Madame Sophie, qui est, à trente-six ans,
demeurée aussi timide et plus inquiète
qu'une enfant, tremble, « n'osant que des re-
gards de côté, à la façon des lièvres ». Pour
Madame Louise toute au désir d'entrer au
Carmel, elle n'a que des pensées de piété et
ne s'intéresse qu'aux seules pratiques religieuses.

Du vivant de Louis XV, jaloux d'autorité
et qui a de tout temps tenu le premier Dauphin et sa famille éloignés des affaires, ce
parti est de peu de poids : il pourrait devenir
redoutable. C'est en effet celui auquel, par

les soins de M. de la Vauguyon son gouverneur, se rattache le nouveau Dauphin. Ce
dernier n'est pour l'heure qu'un assez faible
appui ; d'intelligence courte, de culture médiocre et adonné à de grossières occupations,
le futur Louis XVI n'a point de volonté
propre et reste sous l'autorité de sa tante
Adélaïde. Il convient de le mettre sous une
influence nouvelle et c'est à quoi travaille
depuis plusieurs mois M. de Choiseul. Le
mariage autrichien décidé, il semble bien
qu'il ait réussi.

L'attitude hostile du ministre envers la
favorite ne cache pas seulement du dépit,
elle est le fait d'un immense orgueil. Choiseul
tient qu'il est l'homme, supérieur et néces-
saire, auquel Louis XV devra, en dépit qu'en ait
« la du Barry », conserver le gouvernement.
Il a centralisé entre ses mains, ou celles de
ses proches, les ministères, peuplé l'adminis-
tration de clients dévoués, il occupe toutes
les allées du pouvoir. Le roi ne sait-il
pas quelles sont les attaches puissantes de

M. de Choiseul au Parlement et que l'influence de son ministre a décidé les corps
judiciaires à ne pas rompre trop délibérément
en visière avec la royauté? Louis XV n'est-il
pas assuré que la diplomatie de M. de Choiseul est seule capable d'assurer la paix ?

C'est au moins ce dont M. de Choiseul se
persuade, qui vient de terminer heureusement
une double négociation : l'alliance autrichienne
et le mariage du Dauphin. Le ministre a voulu,
par une alliance opportune, arrêter la prospérité croissante de la Russie et limiter les
ambitions anglaises : problème difficile, pour
lequel il a fourni une solution, au moins
provisoire. Mais c'est du mariage surtout
qu'il compte tirer sa force.

Si l'on songe aux soixante ans du roi, à
divers accidents qui peuvent faire tenir que
l'amour lui sera fatal, Choiseul n'a-t-il pas
le droit de considérer l'avenir avec sérénité :
ne va-t-il disposer de la nouvelle Dauphine
et par elle du Dauphin ?

C'est le 17 mai, un mois à peine après

l'installation de Mme du Barry à Versailles, que commencent les fêtes du mariage autrichien. L'affluence a été extrême, et tous, courtisans ou bourgeois de Paris, ont fait à Marie-Antoinette un accueil enthousiaste. Le 15, aux abords de la Muette, le 16, après la bénédiction dans la chapelle de Versailles, cet enthousiasme touche au délire. Il semble que chacun soit séduit par le charme de cette Dauphine de quatorze ans, si mince et si blonde, au teint éclatant, dont les yeux rieurs font oublier le port de tête un peu hautain, et sur les lèvres de qui un sourire efface alors la moue autrichienne.

En Marie-Antoinette, émue par les acclamations qui depuis Strasbourg lui font cortège, l'orgueil d'être la future reine se mêle à la joie d'être Dauphine de France. Elle sait, sa mère le lui ayant souvent répété, que son mariage est l'œuvre de Choiseul, qu'elle lui devra sa couronne, elle tient à le marquer au ministre dès son arrivée.

N'est-ce pas pour M. de Choiseul, une

assurance prochaine de victoire ? Il peut, semble-t-il, envisager d'un œil tranquille l'étonnante fortune de Madame du Barry.

Après sa présentation la favorite de la veille a été élevée au rang de maîtresse déclarée, c'est désormais un personnage considérable, officiel. Durant qu'on bâtit Louveciennes, qu'on achève à Versailles, au cœur même des petits appartements du roi, le logis qu'elle occupera bientôt, elle devient une puissance qu'on sollicite et à laquelle on fait la cour. Le temps est déjà loin où elle n'avait pour toute compagnie que la maréchale de Mirepoix, Mme de Flavacourt ou la comtesse de Valentinois, dont la cassette royale soldait les complaisances. Elle a maintenant un parti, les *Barisiens*, gens de pensée et de tendances diverses, mais que rapproche une haine pareille de M. de Choiseul. Étrange parti, en effet, dans lequel on voit des ambitieux de pouvoir, le duc d'Aiguillon et le vieux maréchal de Richelieu, des absolutistes comme Maupeou ou Terray, des Jésuites de toute robe, associer leur effort à celui du vieux parti français mis en révolte par l'alliance autrichienne : parti de la maîtresse, auquel Mesdames, filles de France, rigoristes et pieuses, ne ménagent point, en sous-main, leurs complaisances et leur appui. Car, il est aisé de démêler le jeu subtil de Madame Adélaïde. Elle a de grands desseins, le ferme propos d'être un jour auprès de son neveu le Dauphin une Egérie toute puissante, elle ne pardonne à Choiseul ni l'expulsion des Jésuites ni l'alliance autrichienne. C'est son entourage, sinon elle-même qui donne déjà à Marie-Antoinette ce double surnom « d'Étrangère » et « d'Autrichienne », qui deviendra, bien avant la Révolution, une arme terrible contre la reine.

Dès l'arrivée de Marie-Antoinette, Mesdames ont tout mis en œuvre pour l'accaparer d'abord, pour ruiner ensuite son crédit dans l'esprit du roi, en qui naissait une tendresse pour cette jolie Dauphine. La tâche était facile. Marie-Antoinette élevée dans la sim-

plicité de la cour de Vienne, ignorante des
traditions et de l'étiquette, grande enfant
rieuse, passionnée de plaisirs et de jeux,
se sentait isolée en cette cour pompeuse,
malgré les avis de M. de Mercy, ambassadeur
d'Autriche et son mentor. « Ne soyez d'aucun
parti », lui écrivait l'impératrice sa mère,
« ne témoignez à Madame du Barry nul
éloignement. » Cela était aisé à dire, mais
comment ne point obéir à la grosse voix de
Madame Adélaïde, comment résister à ses
brusqueries, quand on est si seule et qu'on
ignore tout des gens et des choses ? Peut-être
si elle eût trouvé quelque appui autour d'elle,
eut-elle pu résister. Mais M. le Dauphin,
courtois à l'ordinaire, n'est point un mari, n'a
pour elle qu'une amabilité ennuyée et distraite;
le comte de Provence, bouffi de mauvaise
graisse, à demi impotent à quinze ans, gour-
mé et jouant au politique, est trop mauvais
plaisant pour qu'on s'ouvre à lui. Quant au
comte d'Artois qui, à douze ans, est déjà
d'allure cavalière et d'un entrain charmant,

s'il ne se lasse point d'imaginer des jeux nouveaux, si nul ne sait mieux que lui organiser des courses à ânes, s'il est du dernier plaisant quand, dans le bosquet de l'Orangerie il salue d'un ironique « Bonjour grand-papa ! » le buste de Louis XIV, il a cette habitude de ne ménager rien, ni personne, et coutume de traiter les choses graves par des pirouettes.

Pour être heureuse cela est si simple : il suffit de plaire à Madame Adélaïde, d'être, à l'endroit de la favorite, non point impolie certes, mais souverainement distante et hautainement réservée. Peut-être convient-il encore de flatter la passion de Madame Victoire pour les fleurs, après quoi on a tout loisir d'être jeune, d'aimer, malgré Madame de Noailles et l'étiquette, le mouvement et le bruit, de jouer à la maman avec les sœurs du Dauphin, dont l'aînée Clotilde est caressante et douce, dont la plus jeune Elisabeth est à six ans d'humeur un peu sauvage, mais si jolie, de se plaire aux bals, aux jeux, et aux moqueries de M. d'Artois.

Que le roi en montre quelque humeur et que cela ne fasse pas le jeu de M. de Choiseul, voilà qui n'importe guère. N'ont-ils point assez d'affaire avec les parlements sans importuner la Dauphine ?

Au vrai, pris entre les attaques du parti dévôt et l'opposition parlementaire dont Louis XV, avec une remarquable intelligence politique, ne laisse pas d'apercevoir le but lointain, M. de Choiseul est condamné. La coterie d'Aiguillon, avec ou sans l'aide même de Madame du Barry, n'aura que peu de peine à obtenir du roi la lettre de cachet qui exilera à Chanteloup, en décembre 1770, le puissant ministre.

Sans doute la Dauphine en a-t-elle quelque regret, mais que faire ? Tout au plus se confier à une amie. Car la Dauphine a une amie. Elle a retrouvé aux bals de Madame de Noailles, qui alternent avec les siens, la princesse de Lamballe, dont la mélancolique douceur l'avait frappée quand elle la vit pour la première fois à Compiègne, la veille de

son mariage. Entre cette veuve de dix-neuf
ans, à qui le malheur donne des grâces tou-
chantes, et la jeune Dauphine, s'est vite nouée
une de ces amitiés de jeunes filles où il entre,
avec mille puérilités, un sentiment très fort
et qui souvent résiste aux années. Si différents
que fussent leur vie et leur avenir, elles avaient
des tristesses un peu pareilles, elles étaient
isolées l'une et l'autre, privées d'affection
caressante et si Madame de Lamballe n'avait,
en quelques mois d'union avec un mari de
santé ruinée et mort de débauche, connu du
mariage que des écœurements, Marie-Antoinette n'en avait rien appris. Car M. le Dauphin, s'il était veneur intrépide et serrurier
expert, ne témoignait de son affection à la
pauvre Dauphine qu'en lui baisant la main.
Monsieur de Provence l'en plaisantait, usant
de citations tirées des Latins ; M. d'Artois
en prenait prétexte pour lui faire la cour,
quand il y songeait, encore cela prêtait-il a
rire.

CHAPITRE II

Mme DE LAMBALLE ET Mlle DE PENTHIÈVRE. — L'ABBAYE
DE MONTMARTRE. — DÉBUTS A LA COUR. — MARIAGE
DU DUC DE CHARTRES ET DE Mlle DE PENTHIÈVRE.

De toutes les amies qu'eut Marie-Antoinette,
nulle ne lui fut plus attachée que la princesse
de Lamballe : elle fut la seule a aimer vraiment
l'enfant rieuse et de tête légère qu'était la Dauphine, la femme délicate, tendre, coquette
aussi, que fut la reine .Quand elle entra dans
la vie de la Dauphine, Madame de Lamballe,
veuve de dix-neuf ans, avait cru devoir, pour
le monde et par respect pour son beau-père,
voiler de mélancolie les éclats d'une jeunesse
volontiers turbulante. Mariée quelques semaines et délaissée pour des filles, elle n'avait
eu pour le prince son époux qu'une affection

assez tiède ; au reste, elle était par nature
prodigue de tendresses verbales, aimait chacun, sans inclination particulière, ce qui
revient à n'aimer personne.

Après qu'on eut, le 8 mai 1768, ramené le
corps du prince de Lamballe de Louveciennes
aux cavaux de Rambouillet, la princesse fit
retraite à l'abbaye Saint-Antoine. Elle en
sortit après quelques jours, sans qu'on fut
contraint de lui faire violence. Les raisons
qu'on lui put donner étaient d'ailleurs excellentes. Le duc de Penthièvre, pour qui la
mort de son unique fils avait été la fin de
bien des espérances, marquait une douleur
profonde. Cette douleur réclamait de la solli-
citude, des soins, que sa fille, Mademoiselle
de Penthièvre, seule enfant qui lui restât
désormais, était trop jeune encore pour assurer.

Après quelques mois passés à Rambouillet
dans une solitude complète, le duc de Penthièvre, accompagné de Madame de Lamballe
et de Mademoiselle de Penthièvre, « ses deux

filles » ainsi qu'il se plaisait à les nommer, revint s'installer à l'hôtel de Toulouse. Ils y vécurent, éloignés de la cour et du monde, fort unis, car si Madame de Lamballe avait gardé le goût des plaisirs puérils les quinze ans de Mademoiselle de Penthièvre se paraient déjà de grâce sérieuse, de cette gravité précoce, nuancée de tristesse, qu'ont les enfants d'âme douce et aimante qui n'ont pas connu les caresses maternelles.

Quand elle était née le 13 mars 1753, une série de deuils affligeaient le duc et la duchesse de Penthièvre. En cinq années, ils avaient perdu trois fils, les ducs de Rambouillet et de Châteauvillain et le comte de Guingamp. Leur fille aînée, la première Mademoiselle de Penthièvre, mourut à son tour. Mademoiselle d'Yvoi, nom sous lequel fut d'abord connue la plus jeune des filles du duc, hérita de son titre et devint Mademoiselle de Penthièvre. Un an plus tard la duchesse mourait, mettant au monde un dernier enfant, le septième, qui ne lui survécut qu'un jour.

L'imprévu d'une telle fin rendit plus tra-
gique encore la douleur du duc de Penthièvre.
Il adorait la duchesse après dix ans d'union
ainsi qu'au premier jour. Pour elle il avait
abandonné la vie de cour, et dès son mariage
les charges considérables de grand amiral,
de grand veneur, de gouverneur de Bretagne,
qu'il avait hérité à douze ans de son père le
comte de Toulouse, n'avaient été pour lui de
rien.

La duchesse était affectueuse et simple.
N'ayant apporté nulle morgue de la cour du duc
de Modène son père, elle se plaisait à s'associer aux exercices de piété et aux inépuisables
charités de M. de Penthièvre. En un temps
de dissipation et de luxe, le duc était resté
l'honnête homme qui a le goût du devoir, même,
comme il aimait la duchesse d'une affection
profonde et vivait avec elle assez isolé, on
tenait qu'il avait l'âme un peu bourgeoise.

Le déchirement de cœur de M. de Penthièvre
fut tel qu'il balança à entrer dans les
ordres. Il se décida enfin à entreprendre de

lointains voyages, et d'abord s'en fut à la
cour de Modène, comme s'il eut fait un pélerinage au berceau de la femme qu'il avait
aimée. Avant de partir et pour ne point
abandonner Mademoiselle de Penthièvre aux
seuls soins de Madame de Sourcy, qui était sa
gouvernante, il la remit aux mains de Madame
Catherine de la Rochefoucauld-Couzage,
alors abbesse des Bénédictines de Montmartre. En dépit de l'affectueux dévouement
des religieuses, Mademoiselle de Penthièvre
eut une enfance un peu solitaire. Les calineries de mains étrangères sont souvent maladroites et pour ouvrir un cœur d'enfant il
n'est que des mains de mère. Celui de
Mademoiselle de Penthièvre ne demandait
qu'à aimer : elle donna toute son affection à une
jeune fille, son aînée de deux ans, Mademoiselle de Montigny, future duchesse de Talleyrand. Il y eut entre elles ces mille serments
par quoi se marque l'amitié des fillettes, objets
qu'on se donne et qu'on doit garder toujours,
promesses faites en gage d'éternel attache

ment. À la mort de Madame de la Rochefou-
cault, Mademoiselle de Penthièvre qui avait
six ans n'eut qu'un gros chagrin d'enfant, puis
oublia. La duchesse Marie-Louise de Montmorency-Laval, la nouvelle abbesse, ne
semble pas avoir su trouver le chemin de
ce jeune cœur.

La vie au couvent de Montmartre était
monotone bien que le site fut riant. Des
jardins de l'abbaye, fort vastes et très acci-
dentés, à peine percevait-on le bruit lointain
de Paris. Quant au couvent, fort déchu de sa
splendeur passée, il était triste et froid.
Mademoiselle de Penthièvre n'en sortait
guère que pour de courtes visites au prince
de Conti ou à sa grand-mère, Charlotte-Aglaé
d'Orléans, duchesse de Modène, qui, presque
toute sa vie séparée de son mari, vécut
dans sa paisible retraite du Petit-Luxembourg.

Quand le duc de Penthièvre rentra de ses
longs voyages à l'étranger, en septembre 1766,
ce fut pour recevoir le dernier soupir de sa
mère la comtesse de Toulouse, cette Sophie de

Noailles qui ayant élevé son fils, avait formé
son cœur à la bonté avec une tendresse
infinie. Mademoiselle de Penthièvre avait
treize ans, l'âge auquel s'achève d'ordinaire
l'éducation d'une princesse. Un an plus tard
son frère, le prince de Lamballe, épousait
Marie-Thérèse Louise de Savoie-Carignan.
Puisqu'elle était assurée d'avoir désormais
une compagne et une manière de Mentor,
on convint que Mademoiselle de Penthièvre
pouvait quitter le couvent. Elle ne trouva chez
elle que tristesse et fut témoin des larmes de
sa belle-sœur. C'est que, malgré les remon-
trances parernelles, le jeune prince n'avait
pas tardé à reprendre commerce avec les
filles. De grâce un peu moutonnière, de taille
lourde, les mains rouges et grosses, madame
de Lamballe n'avait ni le piquant ni la verve
qui plaisaient au prince, surtout elle manquait
de cette expérience amoureuse qu'il prisait fort,
ainsi que d'ordinaire les hommes de com-
plexion amoureuse médiocre et qui sont pour
le vice une proie facile.

Presque aussitôt, la santé du prince de
Lamballe avait donné des inquiétudes, puis l'on
connut que sa fin était prochaine. C'est au
moment où menaçait ainsi de s'éteindre le
dernier espoir des légitimés de France, et
quand il fut assuré que Mademoiselle de
Penthièvre allait devenir la plus riche héritière
du royaume, que le duc d'Orléans accepta de
la donner pour épouse à son fils.

L'abbé de Breteuil, son chancelier, avait eu
quelque peine à l'y déterminer, car, bien que
faible et aisé d'ordinaire à conduire, le duc
d'Orléans, comme tous les princes de sa
maison, avait été élevé dans le mépris des
bâtards de Louis XIV. Mais Mademoiselle
de Penthièvre aurait un jour plus de trois
millions de rentes, cela valait qu'on fit taire
ses antipathies. Bien que lié avec le duc de
Penthièvre depuis sa jeunesse, car ils avaient
fait côte à côte leurs premières armes sous
le maréchal de Noailles et conquis le même
jour le grade de lieutenant général, le duc
d'Orléans crut opportun de s'adresser à M.

de Choiseul, l'ami le plus particulier du duc
de Penthièvre. M. de Choiseul fut écouté,
le duc de Penthièvre lui montra même l'état
de ses affaires et la solidité de ses richeses,
puis ajouta qu'il était dans son intention
de donner à sa fille cinquante mille écus de
rente.

Comme dans le même moment le bruit
courait que le prince de Lamballe n'était point
condamné, qu'il retardait au moins d'entrer
en agonie, le duc d'Orléans assura que son
premier gentilhomme, le comte de Pons Saint-
Maurice, gouverneur du duc de Chartres,
lui avait représenté les inconvénients de ce
projet avec force et donné des raisons qui
n'étaient pas loin d'être excellentes. M. de
Choiseul, qui se trouvait avoir fait ainsi un
pas de clerc, en témoigna du ressentiment et
essaya de décider brusquement un nouveau
mariage. Il ne tint pas à lui que Louis XV
accepta la main de Mademoiselle de Penthièvre
pour le comte d'Artois. Il trouva chez le roi
une opposition invincible à ce mariage qu'il

considérait comme une mésalliance. Après
de telles traverses, on sut enfin que la mort
du prince de Lamballe était assurée et prochaine. Par faiblesse, et sur les instances de
sa sœur Madame de Grammont circonvenue
par l'abbé de Breteuil, M. de Choiseul se
reprit à travailler au compte du duc d'Orléans.
Un tel mariage offrait pour la maison de
Penthièvre trop d'avantages pour que le duc
ne s'efforçat pas d'oublier son humiliation.
On fut enfin d'accord et l'on convint de demander au roi son autorisation. Il fallut pour
l'obtenir la diplomatie adroite de M. de
Choiseul. Louis XV ne fut pas sans voir quels
dangers offrait un tel mariage. Un prince
aussi voisin du trône que le duc de Chartres
se trouverait, au jour qu'il hériterait de son
père du titre de duc d'Orléans, avoir plus de
six millions de rente.

Louis XV à qui une intelligence claire donnait des lueurs de génie, devinait que de
telles richesses, en de certaines mains,
risquent à troubler l'État ; au reste la sym-

pathie de la famille d'Orléans pour les Parlements, avec lesquels l'autorité royale entrait
en lutte, l'inquiétait déjà. Mais M. de Choiseul
lui représenta quelle distance séparait un
prince du sang d'un fils de France et qu'il
n'importait pas que la fortune des comtes
de Provence et d'Artois fut loin d'égaler celle
de M. de Chartres.

Tous les derniers mois de l'année 1768
furent pris par ces négociations. Louis XV
céda, moins par conviction que par lassitude,
et parceque, délivré de toute contrainte
par la mort de la reine et fort occupé de sa
passion nouvelle pour Madame Du Barry, le
goût des plaisirs lui faisait volontiers oublier
le devoir.

Le 7 décembre Mademoiselle de Penthièvre
fit son début à la cour et fut présentée au
roi et à la famille royale par la comtesse de
la Marche. Comme elle avait quinze ans,
l'âge du baptême pour les princesses, le lendemain 8 décembre M. de la Roche-Aymon,
archevêque de Reims et grand aumônier de

France, la baptisa dans la chapelle de Versailles, en présence du roi et des princes. De ses parrain et marraine, le futur Louis XVI et Madame Adélaïde, elle reçut les prénoms de Louise-Marie-Adélaïde. Le roi, dont l'opinion était recherchée, la déclara charmante, et au vrai, elle l'était, ainsi qu'en témoigne le portrait que Vanloo nous a laissé d'elle à cet âge.

De jolis yeux bleus, une grande fraicheur de teint, surtout un sourire très jeune et très doux donnaient à son visage un charme captivant. La volonté du roi connue, nul obstacle ne demeurait ; le 1er janvier 1769, le mariage fut déclaré.

L'opposition première de Louis XV ayant été connue on se plut à répandre divers bruits. Comme il convient d'auréoler de telles unions, on assura que Mademoiselle de Penthièvre faisait un mariage d'amour. Chez sa grand-mère la duchesse de Modène, assuraient les uns, chez le prince de Conti, au dire des autres, le duc de Chartres lui ayant un jour fort galamment offert la main pour descendre de carrosse, elle s'était jurée aussitôt de n'avoir jamais d'autre époux, et c'est pour éviter qu'elle ne vint se jeter aux pieds du roi et lui crier son amour, que Louis XV avait cédé. Mademoiselle de Penthièvre avait huit ans à la mort de sa grand'mère, et sans doute en fit-on difficilement accroire au public. On ajoutait que la jeunesse dissipée du duc de Chartres avait causé les hésitations de Louis XV. En fait, la jeunesse de ce prince n'avait point été plus dissolue que celles des jeunes gentilhommes de son temps.

C'est par sa mère, Henriette de Bourbon Conti, cette duchesse d'Orléans que les contemporains comparent uniformément à Messaline, qu'avait été élevé d'abord le duc de Montpensier, car tel est le titre porté par le duc de Chartres de sa naissance, 1747, à la mort de son aïeul, 1752. Elle avait eu pour son enfant des élans de tendresse ou de l'indifférence, jouant avec lui à la poupée ou l'oubliant, suivant qu'elle avait ou non à dépenser de

cette passion qui bouillonnait en elle. La
duchesse tirait d'ailleurs quelque fierté de la
grâce frêle de son fils, à qui de grands yeux
bleus, de longs cheveux de nuance rare donnaient un air délicat de fillette. On assurait
autour d'elle qu'il était né de ses amours
avec son premier cocher, Lefranc, robuste
gaillard aux larges épaules. Peut-être la
duchesse n'y contredisait-elle pas. Un des
biographes du duc, qui a cru convenable de
le noter, ajoute qu'il pleura fort lorsqu'à
sept ans, il dut quitter les femmes, entendant
par là qu'il ne se plaisait qu'en la société
des courtisanes dont sa mère formait sa
compagnie. C'est attacher beaucoup d'importance à des larmes d'enfant.

Il est plus assuré que si le comte de Pons
Saint Maurice, son gouverneur, lui ensei-
gna sans peine les belles manières et cette
politesse un peu hautaine qui convient aux
princes, ses précepteurs, M. de Foncemagne
et l'abbé d'Allaire, le trouvèrent fort indocile
à leur enseignement : l'intelligence du jeune

duc était prompte mais mobile et se lassait
tôt. Au reste, on dut le ménager grandement,
car, vers neuf ans, il menaça de devenir
bossu. Les médecins qui le traitaient, Tronchin surtout, ordonnèrent qu'on songea avant
toute chose à modifier sa constitution qui
était mauvaise, l'enfant ayant hérité de sa
mère un sang gâté.

Guéri, le jeune prince, garda de son éducation première, de cette négligence imposée
à ses maîtres, une nonchalance efféminée et
un manque si complet de caractère que la
duchesse d'Orléans s'en affligeait alors qu'il
avait douze ans, quand elle se reprit à s'oc-
cuper de lui, alors qu'épuisée par les excès
elle vit la mort approcher à grands pas.

Les contemporains qui témoignent que le
duc de Chartres débuta vers treize ans
dans la carrière amoureuse, doutent si ce
fut la Deschamps, courtisane alors célèbre,
ou la Duthé, qui eut l'honneur de guider ses
premiers pas. Il n'est pas indispensable de
pousser très loin une telle enquête, non plus

essentiel de savoir quand et avec qui le trompa une Dervieu ou telle autre. On trouve dans le journal des inspecteurs de police conservé à l'Arsenal le détail des amours du duc, des soupers où il priait les actrices et les « filles à partie ». Ses amis, Fitz James, Conflans, Guéméné, Lauzun, Coigny, et peut-on dire tous les jeunes seigneurs du temps y font même figure. Que le duc de Chartres fut un joyeux compagnon aima les plaisirs et les femmes, cela n'était pas, à une époque où les mœurs étaient très généralement dissolues, pour indigner ou pour surprendre. Il semble bien que la piété étroite du duc de Penthièvre même n'en fut point émue. Au moins fut-il le premier à hâter les formalités du mariage de sa fille avec M. de Chartres.

C'est le 31 décembre 1768 que furent discutées les clauses du contrat. L'abbé Lenoir, chef du conseil du duc de Penthièvre, M. de Grandbourg, son notaire, et M. du Vaudier, avocat, se rendirent chez M. de

Breteuil, chancelier du duc d'Orléans, qu'as-
sistaient M. de Bellisle, MM. de la Mon-
noye et Lherminier. Rédigé le jour même, le
contrat fut soumis dès le 1er janvier au roi.
Le lendemain, les ducs d'Orléans et de Penthièvre, accompagnés des princes de Condé
et de Conti, du comte de la Marche, et du
comte d'Eu obtinrent officiellement de
Louis XV son agrément au mariage. Malgré
les démarches en cour de Rome, on ne put
recevoir que le 28 janvier un bref donnant
toutes dispenses de parenté. On ne publia qu'un
ban et le 4 février le contrat fut signé à Versailles dans le cabinet du roi. Le lendemain,
un mercredi, eut lieu le mariage. La bénédiction nuptiale donnée dans la chapelle de
Versailles par le grand aumônier avait
amené un concours extraordinaire de monde.
La foule des courtisans ne manqua pas,
ainsi qu'il est d'usage, de trouver matière à
satire. Mlle de Penthièvre était jolie, certes,
mais trop rougissante et d'une timidité un
peu bien bourgeoise, M. de Chartres aurait

grand mal à la déniaiser, si tant est qu'il en
eut envie.

Le dîner réunit vingt et un couverts à la table
du roi, douze des convives étaient princes
ou princesses à leur printemps. Le soir, il y
eut grand appartement et jeu, du salon d'Her-
cule au salon de la guerre. Le lendemain, le
roi vînt, suivant l'usage, féliciter Mme de
Chartres dans son appartement.

CHAPITRE III

Ce mariage eût des lendemains féériques.
A peine fit-on halte au Palais-Royal, et tout
aussitôt commença une série de fêtes inou-
bliables. Ce fut d'abord un grand diner à
l'hôtel de Toulouse, que le duc de Penthièvre
n'avait point ouvert au public depuis le
voyage du roi de Danemark en France.

De cette soirée, quelques intimes, qui
assistèrent aux premières effusions du duc
et de sa fille, rapportèrent un souvenir ému.
La duchesse de Chartres, oubliant son titre
tout neuf de première princesse du sang,

avait tenu, ainsi qu'elle en avait coutume, à
baiser la main du duc de Penthièvre, le duc
s'y était opposé, faisant taire ses sentiments
paternels par respect pour le rang qu'occupait désormais sa fille, et il avait fallut l'affectueuse intervention du duc d'Orléans pour
l'y décider. Cette scène, qui avait fini par
des baisers et de « douces larmes, » avait
délicieusement ému le duc d'Orléans, mari
trompé et débonnaire, qui n'avait connu aucune
des joies de la famille. Assuré d'avoir désormais une fille très douce et affectueuse il lui
voua une manière de culte, inexpérimenté
et maladroit souvent, mais très profond.

Dès l'abord, il tint à marquer toute la joie
qu'il éprouvait d'un tel mariage. Les fêtes
données au Palais-Royal avaient été fort
simples et bien loin d'égaler celles offertes
par les Conti à l'Isle-Adam et par les Condé
à Chantilly. Dès le mois de mai, le duc partit
pour son château de Villers-Cotterets, dans
le dessein d'organiser la royale réception qu'il
réservait à la jeune duchesse.

3

Quand, par une belle après-midi de juin, la
duchesse de Chartres arriva à Villers, elle
trouva pour l'accueillir une théorie de vingt-
quatre villageoises vêtues de blanc ou habil-
lées de rose qui, dans tout l'éclat de leur quinze
ans et houlettes en main, lui firent cortège.
Et aussitôt sur les pelouses du château
s'étalèrent les grâces apprêtées d'une fête
champêtre organisée par Carmontelle, coupée
de chansons puériles et tendres écrites par
Monsigny sur des paroles de Collé. Il y eut
le soir un diner de cent cinquante couverts.
Le château était plein d'un bourdonnement de
foule, car tout ce qui tenait au Palais-Royal
avait été prié. Tel était le nombre des invités
que les gentilhommes de la maison des princes
durent se pourvoir de logis de fortune.

Il semblait qu'on eût voulu épuiser d'un coup
tous les plaisirs, chasses à courre, réceptions des députés envoyés par les apanages,
diners de gala, bals, concerts donnés par des
musiciens prêtés par le prince de Conti. Les
journées devinrent trop courtes. Ce fut bien

autre chose quand vint à l'esprit de la marquise de Montesson l'idée de jouer la comédie.
Comment trouver le temps des répétitions ?
On le trouva, car il ne convenait point chez
le duc d'Orléans de ne pas souscrire aux
désirs de la marquise.

Spirituelle et jolie et ayant laissé à des
mains domestiques le soin d'accommoder les
derniers jours d'un vieux mari, Madame de
Montesson tenait depuis près de trois ans
auprès du duc d'Orléans un personnage
particulier. Elle avait été et demeurait le
seul roman d'amour de ce gros homme, fort
timide dans le commerce amoureux dès qu'il
n'avait point affaire à des filles. A trente ans,
mince et blonde, mariée, si peu, à un mari
podagre, Madame de Montesson avait, par
son enjouement, par une manière de grâce
bon enfant qu'elle jouait en perfection, séduit
le duc. Puis, doucement, elle l'avait arraché
aux bras de Mlle Marquise, ancienne dan-
seuse d'opéra qui lui avait donné deux fils.
Mme de Montesson avait trouvé dans l'entou-

rage même du duc des appuis précieux.
Madame de Puysieux, Mesdames de Beauveau
et de Grammont, la présidente Séguier,
Madame de Gourgues, tout le bataillon
jadis brillant de l'ancien Palais-Royal que
tenait éloigné l'ex-danseuse, convinrent que
le duc ne pouvait faire un meilleur choix.
Puisqu'il fallait une maitresse à ce prince
apoplectique que les Parisiens nommaient
plaisamment la cathédrale de Reims, au moins
devait-elle avoir du monde.

Madame de Montesson était devenue la
maîtresse, le duc le très humble esclave.
Charmé par deux grands yeux d'un bleu profond, il n'avait point pris garde au menton
volontaire, à ce sourire d'intelligence ironique
à fleur de lèvres qui éclairait l'ovale menu
du visage de la marquise. Madame de Montesson avait de plus grandes ambitions :
derrière son front, sous la mousse blonde
des cheveux, cette idée était née, étant la
maîtresse, de devenir l'épouse. Elle en pour-
suivait la réalisation dans l'espoir d'un pro-

chain veuvage. Au reste, comme à Villers
elle se trouvait pour la première fois, officiellement, en présence de la duchesse de
Chartres, elle s'efforçait à plaire. Tâche aisée
pour une femme d'esprit averti que de séduire
une princesse de dix-sept ans, mariée de la
veille, naturellement ingénue et douce. Donc,
entre une chasse à courre, un concert et une
grande revue au camp de Verberie, où seule
ne suivirent point quelques duègnes, Madame
de Puysieux ou Madame de Rochambeau, et
quelques graves personnes, l'abbé Coyer ou
le docteur Tronchin, eurent lieu les premières répétitions. Foin de la fatigue! n'est-
ce pas sur la scène que Madame de Montesson est particulièrement séduisante et le
duc, qui ne s'était plu jusque là qu'à des farces
de Collé où il tenait au naturel les rôles de
paysan balourd, n'en est-il pas venu à s'es-
sayer au madrigal? Le choix de la marquise,
en dépit de l'opposition de M. de Pons,
s'était fixé sur une comédie de Sauvigny.
Gabrielle d'Estrées, pièce à sous-entendus,

spectacle au moins étrange à donner à une petite fille de Henri IV.

C'est dans la fièvre des répétitions que parvint la nouvelle de la mort de M. de Montesson, et l'on eut ce spectacle [que les fêtes finirent comme si quelque invisible main en eut éteint les lampions. Chacun s'en fut et Villers redevint désert, car, bien que cette mort fut pour la marquise une délivrance et un espoir, il convenait de donner au monde le spectacle d'un deuil attendri.

Le duc et la duchesse de Chartres rentrèrent au Palais-Royal, leur maison désormais, puisque, par contrat, le duc d'Orléans leur en avait abandonné la jouissance.

Depuis l'incendie de 1763, le Palais-Royal, en partie rebâti par Contant d'Ivry et Cartaud, avait pris à peu près l'aspect qu'il a gardé. Sous la voûte d'entrée on avait construit le grand escalier qui subsiste, desservant la partie centrale du palais. Les marches gravies, on trouvait au premier étage trois portes, commandant trois appartements : à droite les antichambres et les pièces réservées au duc d'Orléans et à sa maison ; à gauche l'appartement du duc de Chartres ; au milieu celui de la duchesse. Pour la maison des jeunes princes, on avait aménagé sur les côtés de la grande galerie qui régnait jusqu'à la rue de Richelieu une suite de logements. Les antichambres des valets, de la livrée, des officiers et des pages, la grande salle à manger, le salon de l'apothéose de Psyché, les pièces d'apparat que décoraient les peintures de Pierre, de de Leuse et des bas-reliefs de Coustou, pièces en glaces et à crépines d'or, demeurèrent communes. Il y eût ainsi deux maisons des princes d'Orléans, distinctes et cependant communes. Mais, durant que la jeune duchesse de Chartres s'installait, tout au bout de l'appartement du duc d'Orléans une porte s'ouvrait qui reliait le Palais-Royal à l'hôtel voisin du Plessis-Châtillon, maison discrète où Madame de Montesson cachait son récent veuvage, porte bien étroite, et par où passeront les premiers chagrins de la duchesse.

Pour l'heure, et achevés quelques voyages indispensables dans les apanages de la maison d'Orléans, Madame de Chartres était toute à la joie de son nouveau foyer. Étant de goûts domestiques, elle ne tenait salon qu'autant que son rang l'y contraignait, préférant à tout apparat l'intimité, les causeries, les lectures et ces longues séances de parfilage alors à la mode qui permettent le recueillement et laissent l'esprit vagabonder en liberté. Elle avait au reste autour d'elle quelques charmants esprits et, quand il lui plaisait, réunissait à sa maison fort nombreuse compagnie. C'était d'abord le vieil escadron des dames de feu la duchesse, dont les grâces un peu surannées gardaient quelque chose de la cour du grand roi : la marquise de Barbentane, ancienne gouvernante de Mademoiselle d'Orléans, à qui l'on pardonnait son nez rouge et son verbe éclatant pour sa stricte vertu, la comtesse de Rochambeau

attachée depuis cinquante ans à la maison
des enfants d'Orléans, pieuse et grave, la
marquise de Polignac dont la vieillesse avait
gardé une activité remuante et qui, malicieuse,
se plaisait à rire des autres et de soi, la
comtesse de Montauban qui depuis un demi-
siècle occupait le salon du Palais-Royal de
ses distractions, de ses étonnements et
depuis peu de son admiration pour son fils,
l'abbé, dont elle vantait à chacun l'esprit et
la verve enjouée. Au milieu de ces grâces
fannées, le comte de Pons Saint-Maurice,
ancien gouverneur du duc de Chartres et
premier gentilhomme de la chambre, prome-
nait l'orgueil d'une tête jadis belle et restée
vide, masquant sa nullité grande par de la
majesté et un souci constant de l'étiquette,
digne toujours, même aux heures où la
comtesse sa femme, restée jalouse après
cinquante ans, se montrait le plus agressive.
Mais ceux-là, et l'excellent et optimiste baron
de Poudens, premier maître d'hôtel du duc
d'Orléans et le marquis de Barbentane, per-

sifleur et caustique n'étaient point de la
société intime de la duchesse. En dehors de
la comtesse de Blot, sa dame d'honneur, qui
bien qu'elle eût en public les allures distantes
qu'elle croyait devoir à l'éclat de sa charge,
était dans le privé simple et gaie, la duchesse
avait une compagnie plus aimable et plus
jeune : c'était la vicontesse de Clermont-
Gallerande qui, fort belle et épousée par
amour, malgré les tristesses de son mariage,
la déchéance de sa beauté fort épaissie, était
demeurée spontanée et affectueuse, la comtesse de Polignac, une veuve enfant, si jolie
avec ses airs menus de poupée et ses grâces
puériles, Madame de Saluces enfin, ancienne
dame de la duchesse au temps où elle n'était
que Mademoiselle de Penthièvre, la conseillère et l'amie déjà ancienne. Puis tout le
personnel des officiers du duc de Chartres,
le spirituel comte de Thiars, qui faisait oublier
sa laideur par le charme d'un esprit mous-
seux, la gaité de ses petits vers et de ses
chansons badines, le chevalier de Durfort

dont la forte culture rendait pardonnable
l'emphase, le comte de Schomberg qui jadis
soldat et d'une bravoure enflammée, maintenant retiré des camps avait changé de passion,
toujours épris, de toutes les femmes mais
condamné à n'être que le confident discret des
amours des autres. Peut-être Schomberg
était-il pédant, Durfort exagéré, le vicomte
de Clermont facheux par son besoin de citer,
le vicomte de la Tour-du-Pin et le comte de
Valencay plaisants qui jouaient à la ville les
rôles d'amoureux du répertoire, mais comme
tout ce monde était jeune, gai et heureux de
vivre. Et quand la duchesse, se rappelant
son enfance un peu solitaire au couvent de
Montmartre, les tristesses de l'hôtel de
Toulouse et les pauvres joies de la petite
maison de Passy où, dans la seule compagnie de Madame de Lamballe, de Marie la
Folle comme l'appelait le vieux duc de Penthièvre, elle dansait d'interminables con-
tredanses, avec l'inquiétude d'être surprise
et réprimandée, sans doute songeait-elle

que la vie était belle, et qu'elle n'avait point
fait un mauvais rêve.

Élevée simplement et d'âme un peu bourgeoise, le mariage n'avait pas été pour elle
une formalité ainsi qu'il advient d'ordinaire
aux princesses. Sans ajouter foi outre
mesure aux témoignages qui la montrent
follement éprise du duc avant leur union, il
est assuré qu'elle lui fut très vite passion-
nément attachée. Il n'y a point de quoi surprendre. Sans être d'une beauté classique, le
duc de Chartres était alors un cavalier fort
aimable. Grand, bien pris, la jambe belle, un
port de tête avantageux, de la douceur et de
l'urbanité, il avait et garda toujours l'art de
plaire. Il fut, et c'est un côté de son caractère qu'on n'a point assez remarqué, une
manière de Don Juan à qui peu de femmes
ont résisté, tant il savait la manière de séduire
et tout ce qu'on obtient en flattant avec art
les amours-propres féminins. A l'inverse de
son père, s'il aimait à traiter les filles, c'était
en galant homme qui ne leur donnait dans sa

vie qu'une heure, de l'argent et quelques baisers. Ses amis, Fitz-James, Guéméné, Coigny, et Lauzun leur modèle, avaient été des premiers à comprendre tout le charme qu'on peut tirer d'une petite maison écartée et discrète, où l'on est, à son gré, sans contrainte, gai, amoureux, ivrogne ou fou, mais où on l'est un moment et sans rien gâcher de son esprit et de son cœur, où il semble qu'on se donne à soi-même la comédie, comme d'un qui jouerait un conte de l'abbé de Colibri de Cailhava.

Il est assuré que quelques mois à peine après son mariage, le duc de Chartres revint à ses habitudes anciennes, qu'il retrouva à la petite maison de Lauzun à Passy, à ses « folies » de Montrouge ou de Monceau ses bons compagnons de plaisir.

La duchesse, qui s'installait dans son amour tout jeune, n'en reçut point avis. Elle vivait heureuse, tirant au contraire vanité de la tendresse du duc, aussi, comme elle était de sang royal, quelque fierté de son titre de première princesse du sang. Une double occasion s'offrait de paraître à la cour dans l'éclat de son rang, et ce fut avec joie qu'elle reçut, au début du printemps, l'annonce de deux mariages : celui de Mademoiselle d'Orléans avec le duc de Bourbon, celui du Dauphin avec une archiduchesse d'Autriche.

C'est le 24 avril 1770 qu'eût lieu le mariage du duc de Bourbon et de Bathilde d'Orléans. Ce n'était qu'un mariage blanc car le duc ayant quinze ans à peine, l'épousée fut, la cérémonie religieuse achevée, conduite au couvent de Panthemont pour y attendre dans l'innocence la majorité de son mari. MM. de Condé et d'Orléans avaient compté sans le jeune prince qui avec une belle audace d'amoureux franchit les murs du couvent et enleva sa femme. L'aventure parut charmante, fournit à Laujon le sujet d'une comédie, l'*Amoureux de quinze ans*, que le public applaudit. Mais cela ne fit qu'un petit éclat car l'on n'avait déjà de curiosité que pour la nouvelle dauphine dont on annonçait l'arrivée prochaine.

A l'occasion du mariage de Marie-Antoinette, Madame de Chartres fut appelée à tenir à la cour le rôle que lui imposait son rang de première princesse du sang. Elle fut, le 13 mai, avec la famille royale recevoir à Compiègne la jeune archiduchesse et la conduisit le 15 à la Muette. Le 16, à Versaillzs, après le mariage et le souper royal, elle assista à la bénédiction du lit et c'est à elle que revint l'honneur de donner la chemise à la nouvelle dauphine. Concerts et bals auxquels Madame de Chartres dut assister ne s'achevèrent que le 30 mai : elle partit le lendemain pour Saint-Cloud prendre quelque repos.

En dehors de soupers intimes donnés sur la terrasse du château au duc de Penthièvre, au comte de la Marche et à quelques convives choisis, la duchesse goûta à Saint-Cloud la vie familiale et un peu solitaire qu'elle aimait. Les ducs d'Orléans et de Chartres avaient mille raisons pour ne pas partager cette existence calme et douce que troubla à peine, en septembre, un espoir de grossesse vite évanoui.

Il y avait plusieurs mois qu'un conflit grandissait entre le Parlement et le roi dont l'importance ne pouvait échapper à des esprits avertis. Aux prétentions des parlementaires qui n'allaient à rien moins qu'à contrôler l'autorité royale, Louis XV avait répondu par un lit de justice. « Nous ne tenons notre couronne que de Dieu... Le droit de faire des lois nous appartient, à nous seul, sans dépendance et sans partage... » déclarait le roi Il exprimait ainsi nettement sa volonté de ne rien abdiquer, de maintenir intact le dogme de l'absolutisme royal. Choiseul, pour avoir cherché le moyen de composer avec l'opposition parlementaire, recevait de Louis XV une lettre d'exil. Ses amis, les princes d'Orléans, engagés plus que lui dans le parti du Parlement, étaient mandés par Louis XV qui leur reprochait avec violence leur attitude.

De tels reproches bien loin que de ramener
les princes sous l'autorité royale les jetaient
plus avant dans l'opposition : MM. d'Orléans et de Chartres étaient des premiers à
signer cette lettre d'avril où tous les princes
du sang, à l'exception du comte de la Marche,
protestaient en termes hardis contre le coup
d'état de Maupeou. Ils recevaient le lendemain l'ordre de ne plus paraître à la cour.

La duchesse de Chartres n'était point
mêlée à de tels incidents. Elle était, par le
crédit de Madame de Lamballe, affectueusement accueillie à Versailles, de Madame de
Lamballe alors si en faveur que Marie-Antoinette songeait à ce moment à la marier au
prince de Lambesc durant que Madame Adélaïde, en haine de Madame du Barry, s'efforçait de la jeter dans les bras du roi.

Ce sont en effet à la cour les mêmes dissentiments et les mêmes luttes souterraines,
où des questions d'argent se mêlent à des
froissements de vanité. Alors que Louis XV
donne Louveciennes à la favorite la couvre

5

de diamants, qu'on aménage pour elle dans
tous les châteaux royaux des appartements,
les fournisseurs de la dauphine restent im-
payés, quelques uns comme Tempé à demi
ruinés murmurent, on doit à chacun, 350.000
livres au seul bijoutier Jacquin et jusqu'aux
meubles du dauphin.

Madame de Chartres vivant loin de telles
agitations, en dépit de l'amabilité qu'on lui
marque, ne va plus à la cour ou presque.
Si elle assiste au mariage du comte de Provence, seule de sa famille, c'est qu'elle y est
contrainte, d'ordre du roi. Combien elle pré-
fère à Versailles Paris où elle se sait aimée
du peuple et de la bourgeoisie, le Palais-
Royal où elle règne seule désormais, le
duc d'Orléans et Madame de Montesson
l'ayant définitivement abandonné pour Saint-
Assise et Villers-Cotterets.

Une grossesse qui n'est point cette fois
illusoire se poursuit heureusement. Madame
de Chartres en est aux projets, on presse la
layette en comptant les jours. La duchesse

met quelque coquetterie à produire en public sa taille déjà alourdie : le 9 octobre elle suit même en voiture une chasse dans la forêt de Saint-Cloud.

Brusquement dans la nuit elle est prise de douleurs. A peine a-t-on le loisir d'avertir les princes et les princesses du sang, à 11 heures du matin elle met au monde une fille. Les médecins qui l'assistent, Bordeu et Miot, ont l'adresse de dissimuler à la jeune accouchée que l'enfant est morte. La duchesse réclame sa fille, on gagne du temps sous divers prétextes puis, avec mille précautions, sur le soir, on lui révèle enfin la vérité. De gros sanglots la secouent, puis elle cède aux consolations que lui prodigue Bathilde de Bourbon qui ne la quitte que lorsque la violence première de ce désespoir s'apaise, (jeudi 10 octobre 1771).

Dans la nuit le bedeau de Saint-Eustache, qui est homme sûr, vient sur un ordre au Palais-Royal enlever le petit cadavre et l'enterre dans la cave de la paroisse. La chose est faite avec tant de mystère et à si bas bruit que les suisses de l'Église même n'en apprennent rien.

Un si fâcheux événement ne dispensait pas des devoirs envers la famille royale. Le duc d'Orléans et le duc de Chartres ayant interdiction de paraître à la cour, déléguèrent à M. de Pons le soin d'aviser le roi, les princesses et Madame Louise enfermée depuis dix mois au Carmel de Saint-Denis. Louis XV, bien que l'usage voulut qu'il n'envoya que chez l'accouchée, tint, en raison des circonstances, à envoyer chez le duc d'Orléans et chez le duc de Chartres qui lui en firent un remerciement écrit.

Après quelques jours, les premières larmes séchées on fut assuré que la santé de la duchesse de Chartres ne supporterait pas une trop rude atteinte. Le 1er novembre purent avoir lieu les relevailles dans la chapelle du Palais-Royal. La duchesse ayant reçu les visites publiques à l'occasion de ses couches, sortit quelques jours plus tard. Le 11 décembre, comme elle paraissait en public pour la première fois, on la saluait de bravos : on l'acclamait ce même jour à la Comédie italienne où l'on donnait *Zémire et Azor*. Le 24, elle allait à la première de la *Femme jalouse* de Barthe amoureusement appuyée au bras du duc de Chartres.

———

CHAPITRE IV

LA DISGRACE DES PRINCES. — VOYAGE DU DUC DE
CHARTRES EN BRETAGNE. — UNE SAISON AUX
EAUX DE FORGES.

Le jour de l'an de 1772 fut pour la duchesse
de Chartres l'occasion d'un joli geste.
Comme le duc d'Orléans, qui avait perdu ses
pensions avec la faveur du roi, s'apprêtait,
ayant réduit ses équipages de chasse et di-
minué les dépenses de sa maison, à retrancher
sur ses aumônes, la duchesse de Chartres le
supplia de garder par devers lui la pension
qu'il avait, depuis son mariage, pris la galante
coutume de lui verser. En dépit des protes-
tations du duc d'Orléans, il dut céder à

l'affectueux et charitable entêtement de la jeune duchesse.

La disgrâce où les princes étaient tenus, n'allait pas qu'à diminuer leur fortune, elle les obligeait à une surveillance continuelle de leurs actes et de leurs paroles. L'espionnage dont ils étaient l'objet était si habilement pratiqué que le duc d'Orléans fut longtemps à soupçonner que son valet de chambre même le trahissait. Ce fut un gros émoi au Palais-Royal. On fit un exemple, mais, le valet de chambre chassé, une inquiétude demeurait qui se mêlait chez la duchesse de Chartres à de l'indignation. Seul le jeune duc n'en prenait nul souci. Les fêtes de Versailles lui étant interdites, Paris restait, dont les bals furent, cet hiver là, particulièrement brillants. Il fut de toutes les fêtes, joyeux des applaudissements qu'il soulevait à son passage, très fier de cette popularité nouvelle qui lui venait, des acclamations qui saluaient des princes « premiers citoyens et derniers remparts de la liberté. » Un peu grisé même,

il en vint à parler du souverain avec irrespect
et tout Paris lui attribua l'idée d'une masca-
rade des chevaliers de l'ordre du roi qui fut
la gaieté d'un des bals de l'Opéra.

De ces folies de jeunesse, Louis XV montrait quelque irritation, car, dans le moment
même où on le croyait occupé de ses seules
amours, une intelligence assurée lui permet-
tait de deviner les conséquenses lointaines
des choses. Il accepta volontiers que le duc
de Chartres alla visiter Brest et les ports de
l'Océan : c'était l'éloigner un temps de Paris.
D'ailleurs et comme on redoutait que les
Bretons ne saluassent avec tr. . entho -
siasme le
gouver   ı sembla, par   e lettre
particuliè , réclamer pour le Duc les plu
grands honneurs et le plus parfait accue·
Dans le même temps, des journalistes à gages,
publiaient en hâte quelques numéros d'une
gazette d'o   ion, *la Gazette Normande*.
Dans cette   rte de parodie ironique, des
Suppléments d la *Gazette de France*, on criti-

quait avec malveillance la vie politique et la
conduite privée du duc de Chartres, on allait
jusqu'à attaquer le vertueux duc de Penthièvre.

Ce voyage de Bretagne, pour avoir été
court, n'en eût pas moins des allures de
triomphe; le duc dut se dérober aux honneurs
que les villes lui prodiguaient à l'envie, il se
montra modeste et magnifique. Et cela dut
calmer les inquiétudes et le chagrin de la
duchesse de Chartres, dont la tendresse
s'effrayait d'une séparation de quin e jours.
Le succès fut tel qu'on murmurait la cour
o ne p la de rien moins que   tive

Au v , si la Bretagn   tel
mour au prince, c'est que, pou beau   p,
ier vive le duc de Chartres,   était mani-
fester contre le roi.

Les acclamations des breto   tiraient en
effet des circonstances un sen   articulier.
L'impopularité de Louis XV et   ses ministres
gagnait de proche en proch . Ils venaient

de s'aliéner l'Encyclopédie, d'entrer en lutte avec l'Académie Française, c'était de la part de tout ce qui pensait et tenait une plume une guerre inlassable et sournoise. L'opinion se rebellait contre la faveur croissante de la « Du Barry », dont le crédit un instant menacé en janvier, était plus assuré que jamais. On murmurait contre l'attribution au comte d'Artois de la charge de colonel des Suisses et Grisons, dernier lambeau de l'héritage de Choiseul. On ridiculisait la séparation judiciaire du comte et de la comtesse Du Barry, on s'indignait de voir le roi, comme s'ouvrait la difficile question de la Pologne, occupé du baptême de Zamor, le nègre de la favorite.

Dans la famille royale même, les ministres savaient qu'ils comptaient de mortels ennemis. Marie-Antoinette quelques mois plustôt disait à M. de la Vauguyon, l'ancien gouverneur du Dauphin dont elle redoutait l'influence : « Le Dauphin n'a pas besoin degouverneur, et je n'ai pas besoin d'espion, » et on comprenait de reste qu'elle entendait

rester souveraine maîtresse de l'esprit du
jeune prince. L'accueil glacé qu'elle réservait
aux ministres aussi bien qu'à la favorite ne
passait pas inaperçu, et était de conséquance
si l'on songe à l'amabilité que Louis XV témoignait alors à la Dauphine. L'entrain pas-
sionné qu'elle avait pour les plaisirs ravissait
d'aise le roi, « son papa », ainsi qu'elle disait
joliment, il lui savait gré de la grâce qu'elle
mettait aux moindres choses, qu'elle aimât
les chasses, le galop du cheval et ces courses
folles en traineau où Madame de Lamballe
et elle avaient tourbillonné tout l'hiver. A
l'autre pôle, Madame Adélaïde, compassée,
froide et politique, témoignait de sa réproba-
tion en se refusant à suivre les déplacements
royaux.

Le voyage de Choisy en avril, celui de
Fontainebleau plus tard, furent tristes : l'absence des princes et de leurs maisons faisait
un vide. Cependant, des fêtes charmantes
avaient lieu à l'Isle-Adam chez le prince de
Conti, à Chantilly chez le duc de Boubon, à

Villers-Cotterets chez le duc d'Orléans,
encore qu'à Villers on affecta de marquer
quelque souci, qu'on affecta de répandre que
la santé de la duchesse de Chartres, éprou-
vée par l'accident d'octobre ne s'était point
pleinement raffermie. En fait, son cas était
surtout diplomatique : elle désirait échapper
aux ordres qui l'obligeaient, pendant la disgrâce des princes, à paraître à la cour et à
y paraître seule.

On annonça dès le mois de mai qu'elle se
disposait à partir pour Forges-les-Eaux et
la Faculté soutint qu'une saison était fort
utile.

Forges, en effet, ainsi que toutes les sta-
tions thermales, guérit à peu près toutes les
maladies, l'hydropisie, la pierre et jusqu'aux
fièvres tierces et quartes ; surtout les eaux
en sont souveraines pour toute femme qui
souhaite avoir lignée ou que des couches
laborieuses ont épuisée.

Depuis que la duchesse de Longueville,
Mademoiselle de Montpensier, Louis XIII et

le grand Condé y avaient fait séjour et pris
les eaux, Forges était une manière de station
à la mode. Dans les dernières années Madame
de Prie, Madame de Pontchartrain, la marquise de Boulainvilliers, les princesses de
Carignan et de Bourbon, Marie Leczinska,
fatiguée de sa fécondité, la Dauphine Marie-
Josèphe de Saxe, en avaient proclamé les
effets excitants. Madame de Deffand y ayant
tenu son salon, ses fidèles s'en furent répé-
ter aux échos de Paris et de Versailles la
gloire de Forges.

C'est le premier juillet que part la duchesse de Chartres, et le voyage se fait heureusement. A peine à Gournay doit-on attendre
un instant, la ville ayant pris la liberté grande
de préparer une garde d'honneur à cheval,
sans l'agrément de Messieurs du Conseil.
L'incident réglé, on repart et le jeudi 2 juillet,
à cinq heures et demie du matin, descendent
à Forges de leurs carrosses la duchesse et
la partie de sa maison choisie pour l'accompagner : Madame de Blot, dame d'honneur,

les trois dames de compagnie, Mesdames de
Clermont, d'Hunoslstein et de Genlis, Madame Lubeau première femme de la duchesse,
quelques officiers de la chambre, MM. de Ju-
vigny et de Damas, que d'autres plus tard
viendront rejoindre. Les officiers de bouche,
un suisse, un chef et un pâtissier, sont déjà
installés dans la maison de Madame Sagot,
vaste demeure que doit habiter la duchesse.

La maison simple, mais de belle ordonnance
prend jour sur la grande rue qui est, peut-on
dire, l'unique rue, car Forges n'est qu'une
manière de grand village. Quelques maisons
de laboureurs ou d'artisans groupées autour
d'une église modeste, telle est l'ancienne cité.
On a, à l'intention des étrangers, bâti le long
d'une route qui conduit à un couvent de capu-
cins quelques logis plus habitables et d'où
tout confortable n'est pas banni. A mi-chemin,
une place carrée, bordée de maisons, plus
loin des logis encore, mais plus rares déjà,
puis, la route atteint le couvent : la campagne
reparait : à droite, les masses profondes des

bois, à gauche, des terres en culture. Par
delà le couvent, il n'y a plus qu'un routin qui
court entre des haies vives et s'achève aux
sources, la Reinette, la Royale et la Cardi-
nale, que quelques mètres séparent à peine,
et qui jaillissent au milieu d'une sorte de
quinconce, clos par une muraille basse. Il
suffit de descendre quelques marches pour
voir l'eau sourdre et s'épandre, eau souveraine qui porte en elle la santé et les longs
espoirs. Alentour, cachées par des buissons
touffus, des tentes simples et discrètes au-
torisent la solitude.

Si Forges est sans beauté, le soleil de l'été
habille la campagne de la féerie des moissons
blondes, du tapis vert des prairies grasses
et dans la forêt prochaine l'ombre tiède est
pleine de chants d'oiseaux. Cela suffit quelques jours à charmer une âme bucolique
comme celle de la duchesse de Chartres.

A peine a-t-on le temps de s'installer que
le lundi 6 juillet arrive le duc. Il est venu,
ainsi qu'il est du devoir d'un époux épris,

s'assurer que l'installation de la duchesse
convient. Elle est heureuse de tels soins, bien
loin de se douter des motifs vrais du voyage.
Dans le fait, le duc de Chartres se soucie
médiocrement de la duchesse, n'est venu
à Forges que pour retrouver « son cher
cœur », « sa mie », la maîtresse dont il est
follement épris depuis quelques mois, la comtesse de Genlis. Madame de Genlis est pour
la duchesse plus et mieux qu'une de ses
dames, elle est l'amie et la confidente, il est
naturel qu'elle soit la maîtresse du duc. N'en
va-t-il pas de même à Chantilly, où, après
quelques semaines, la compagne d'enfance de
Madame de Bourbon lui a ravi le cœur du
duc ? Mais l'expérience des autres n'instruit
point la duchesse de Chartres qui a l'esprit
droit. Point de soupçon durant les treize
jours que M. de Chartres passe en sa compagnie, elle est heureuse, sans éclat, mais
profondément, ainsi que le sont les âmes
tendres. L'annonce du prochain accouchement de la duchesse de Bourbon abrège le

voyage du duc ; il est de rigueur qu'il soit au chevet de sa sœur quand va naître l'enfant attendu, sur qui reposera désormais le glorieux héritage des Condé. Il part donc au milieu des larmes, larmes toutes simples de la duchesse pour qui toute séparation est un désastre, larmes cachées de la maîtresse qui, à en juger par ses lettres, est sincèrement éprise.

Les exquises lettres, si joliment écrites, si naturelles pourtant, comme surent en écrire toutes les amoureuses du XVIIIe siècle. Il y a des regrets, des larmes aussitôt séchées que répandues, des cris de passion dont on s'excuse, des mots à demi retenus, et des souvenirs d'amour évoqués : « Adieu, mon cher petit amour, écrit Madame de Genlis. *Encore un moment. Quelle heure est-il ?* Vous connaissez cela ? quel temps, quels moments cela rappelle. » Et ces billets se succèdent, hâtifs, commencés à minuit, achevés le lendemain, suivant les heures incertaines des courriers. Les lettres du duc sont dévorées

5

aussitôt que reçues. Au vrai, elles sont charmantes, emplies des milles riens qui sont le
tout des amoureux. Il est seul, il regrette,
sa pensée demeure avec l'absente, il compose
des dessins pour elle, commande à Frago-
nard des tableaux inspirés par des contes qui
sont des souvenirs, petits trésors cachés
d'amoureux, il est héroïque même, et se fait
mettre au bras, en gage d'amour, des tatouages
galants. « J'ai été l'autre jour à l'Arsenal, me
promener dans le jardin, écrit-il. Je n'ai pas
vu vos enfants, j'en ai été bien fâché, car ne
pouvant vous voir, je voulais voir au moins
ce que vous aimez le mieux. »

Les lettres du duc donnent à Madame de
Genlis le courage de supporter la vie à Forges. Depuis le départ de M. de Chartres, la
duchesse souffre d'une dent, s'abreuve
d'éther, gémit et garde la chambre, puis,
comme sa joue est enflée, se trouve laide
et s'attriste. Il y a dans l'air de l'ennui. Enfin,
la guérison de la duchesse s'achève et voici
de nouveaux visages, des officiers du duc, qui

apportent un peu de lui. La maison s'est complétée, M. de Pons a gardé sa gravité élégante et rétablit, autant qu'il dépend de lui, l'étiquette, relâchée en ce lieu où la vie est trop commune. Le 23 juillet débarquent le comte de Clermont et l'abbé de Montauban, l'un et l'autre fort gais, le 24, le chevalier de Durfort. On organise des promenades dans la forêt, car les environs de Forges sont charmants. Par les routes, derrière le grand carrosse à huit chevaux de la duchesse, c'est le défilé des voitures réquisitionnées. On visite l'abbaye de Beaubec dont le prieur dom d'Ortigue fait les honneurs, le 25 juillet on va à Gaillefontaine où, des hauteurs des ruines d'un donjon bâti sur une croupe escarpée, la duchesse et sa suite admirent la vallée de la Béthune. Un autre jour, on pousse jusqu'à la Ferté : la vue y est unique : du porche de l'église l'œil embrasse une immense étendue de pays : tout proche le Beauvoisis étale ses herbages, où les bêtes mettent des taches claires, au loin, c'est un océan de verdure qui moutonne jusqu'au bout de l'horizon. Des incidents donnent à ces excursions un charme imprévu. La duchesse n'a-t-elle pas découvert un pauvre ménage qui vit dans une hutte misérable, perdue dans les bois de l'abbaye de Beaubec. Le mari est malade, les enfants en haillons : la misère, la souffrance, la solitude, quel joli sujet de conte ; Madame de Genlis en a déjà trouvé le titre, *Les Solitaires de Normandie*.

D'une charité plus agissante la duchesse de Chartres donne des ordres : on achète deux vaches, un herbage, la maison est bâtie à la hâte, et voici les solitaires devenus propriétaires par la grâce d'une bonne fée. Parfois, car il ne suffit point de donner de l'argent et de confier à Regnol le soin de distribuer d'abondantes aumônes, il faut encore donner un peu de soi-même, on frappe à la porte d'une maison, on entre et la duchesse d'entretenir familièrement ses hôtes d'une heure. C'est ainsi que, par une chaude après-midi, le 29 juillet, on fait visite à M. David.

M. et Madame de Clermont, M. et Madame
de Pons, M. de Damas, Madame de Hunolstein et l'inséparable Madame de Genlis, y
collationnent d'artichauds crus et de crème
fraiche; la duchesse souhaiterait de la galette
salée : comme Madame David n'en a point
sur l'heure, on promet de revenir trois jours
plus tard. Et l'on revient, les bras chargés
de présents, et l'on croque la galette couleur
d'or. « Avec la galette salée, fait-on des
enfants? enquête curieusement Madame de
Pons. — Certes, répond Madame David, et
aussi grâce au bon air qu'on respire ici. »
Et chacun d'applaudir. Ainsi s'écoulent les
journées, ce sont plaisirs d'honnêtes bourgeois en villégiature aux champs.

Peut-être le voyage de Forges se prolon-
gerait-il si l'on n'apprenait brusquement la
naissance du duc d'Enghien. Le jeune prince
vient au monde le 2 août, quinze jours avant
la date escomptée ; il est si chétif qu'on ne
le croit pas destiné à vivre et que le duc de
Chartres insiste pour un prompt retour. Ce

n'est point que le duc soit autrement sou-
cieux de la vie de son neveu, mais avec la
duchesse revient l'aimée, et depuis quelques
jours il est mordu au cœur par la jalousie.
M. de Genlis, préoccupé de la santé de ses
enfants, parle en effet de quitter Charleville
où, depuis deux mois on le tient occupé à
des travaux guerriers. Les deux amoureux
prennent leurs dispositions. Le départ est
fixé au 13 après souper, vers dix heures : on
quittera Dieppe le lundi au matin pour être
au Palais-Royal à dix heures du soir le 14.
Si M. de Genlis, devançant la date qu'il a
fixée pour son retour, était déjà à Paris,
l'aimable comtesse n'aurait-elle pas le prétexte de la fatigue du voyage pour s'en dé-
barrasser ? « Venez doucement et si la porte
est fermée, mon enfant attendra et s'imaginera
qu'au delà de cette porte il y aura un cœur
aussi impatient et aussi agité que le sien. »

D'ailleurs, la duchesse de Chartres ne doit
point faire séjour à Paris, mais le traverser
seulement, ou presque, pour gagner Chantilly.

Madame de Genlis alors que revient son mari n'aura-t-elle pas un excellent prétexte pour demeurer au Palais-Royal. La duchesse sait-elle que dès longtemps tout commerce amoureux a cessé entre M. et Mme de Genlis. Tout s'arrange ainsi que le désire l'adroite comtesse. Dès qu'installée à Chantilly, le 19 août, la duchesse de Chartres lui témoigne en une longue lettre tout le regret qu'elle a d'être seule et privée de la plus charmante de ses dames. A Chantilly tout est au mieux. La duchesse de Bourbon, le 16, est autorisée à se lever et le nouveau né, installé dans le nouveau château, seul avec sa maison, se montre plus assuré de vivre.

Madame de Chartres, rentrée au Palais-Royal, se plait à montrer aux Parisiens, heureux du retour d'une princesse très généralement aimée, les fraiches couleurs, l'air de santé joyeuse qu'elle rapporte de Forges. Le 25 août, à l'Opéra, on donne le *Ballet de la cinquantaine*. Comme elle entre dans sa loge toute la salle est debout et trépigne de joie ; et c'est ainsi qu'elle reçoit, à ce premier contact avec la population parisienne, des marques d'attachement qui lui sont très douces au cœur.

L'air est étouffant et la grande ville inhabitable ; on gagne vite les fraicheurs de Saint-Cloud, dont le séjour est délicieux en septembre. Les bois sont pleins d'ombre, coupés de taillis discrets, et des vapeurs diaphanes nouent et dénouent le caprice fragile de leurs écharpes au long du fleuve si lent et comme endormi entre les berges. La vie à Saint-Cloud est intime ; point de réceptions priées, à peine quelques visites : Madame de Lamballe échappée de Versailles, le vieux duc de Penthièvre, dont la piété austère s'accommode mal du train des cours.

En octobre — la promesse en fut faite — on revient à Chantilly, duc, duchesse et leurs maisons. C'est à travers la forêt où l'automne met des taches de rouille et d'or, d'interminables courses en voiture. Madame de Genlis qui est du voyage, se plait à conduire,

elle y est experte, et les chevaux obéissent à
la main frêle mais volontaire de la comtesse.
On rit entre courtisans de ces carrossées
qui semblent symboliques, où le duc et la duchesse, assis côte à côte, vont à travers les
méandres des allées, au gré de la fantaisie de
Madame de Genlis. Car le secret des amours
du duc et de la comtesse n'en est plus un
pour les hôtes attentifs du Palais-Royal. Les
sourires deviennent à ce point indiscrets que
la duchesse de Bourbon tremble que la duchesse de Chartres n'ouvre enfin les yeux.

Peut-être Madame de Genlis ne se mon-
trerait-elle pas autrement affectée de ce
petit scandale si elle ne sentait le cœur du
duc lui échapper, comme si l'amour en fuyait
goutte à goutte. Elle devine qu'on ne contraint point un homme aussi inconstant et
léger que le duc, et en femme adroite, à qui
les réalités importent, elle s'ingénie à ce que
de la flambée d'amour de l'été il reste une
certaine chaleur de cœur, une amitié très
tendre, ce qui survit d'une liaison dénouée

sans querelle, d'un amour qui n'a pas laissé de regrets.

Dès le retour du duc à Paris, Lauzun, Guéméné, Coigny, bons compagnons des années joyeuses, ont du lui dire qu'il est ridicule d'aimer longtemps, même une femme aimable. Il a repris sa vie de plaisirs aventureux. Il applaudit les gravelures du théâtre de Pantin où Mademoiselle Guimard ne donne accueil qu'aux grands seigneurs et aux poètes ses amis, le duc redevient l'hôte des fêtes galantes.

Peut-être se donne-t-il encore le soin de consoler le comte de Genlis, que la Duthé, l'une des filles à la mode, vient d'abandonner pour un anglais, sans esprit, mais fort riche.

En dépit de ces dehors joyeux, la vie du duc de Chartres n'est point exempte de soucis. La disgrâce où le roi tient les princes fâcheuse pour leurs intérêts, crée mille difficultés aux princesses. Il s'est négocié un rapprochement entre M. de Conti, le duc de Bourbon et la cour; le duc d'Orléans et son fils balancent à faire acte de repentir. Madame de Bourbon, la duchesse de Chartres interviennent. Ne font-elles pas la plus sotte figure à ces bals charmants du lundi organisés par la Dauphine, et où Marie-Antoinette se plaint qu'elles ne fréquentent pas assez ? Messieurs d'Orléans se déterminent enfin, et écrivent au roi que « leur intention a été et sera toujours de soumettre leurs démarches à ses volontés. » Ils se soumettent, d'apparence au moins, car il semble bien que le peuple, qui leur conserve son affection, ne soit point dupe. Louis XV non plus. Mais il est politique que le roi garde groupés autour de lui dans la lutte contre les Parlements et dans le deuil du partage de la Pologne, les princes, ces colonnes naturelles du trône. Louis XV accueille avec un de ces sourires dont il a le secret, et dont l'ironie se voile d'amabilité, Messieurs d'Orléans et de Chartres. Avec noblesse il accepte d'oublier, il les admet en sa présence et les autorise le 24 décembre à faire la révérence.

CHAPITRE V

LE DUC DE CHARTRES ET Mme DE MONTESSON. —
VOYAGE A BELŒIL. — GROSSESSE DE LA DUCHESSE
DE CHARTRES. — NAISSANCE DE M. DE VALOIS.

❧ ❧

Au lendemain du rapprochement des princes
de la maison d'Orléans et de Louis XV, les
relations du duc de Chartres et de la famille
royale parurent changées. Il avait été jusque
là accueilli par le roi avec plus de bienveillance hautaine et mesurée que d'affection.
Des écarts de jeunesse où le duc avait man-
qué de compromettre la dignité de son rang,
la légèreté de son caractère, son mariage
même, des richesses trop considérables pour
un prince de branche cadette, justifiaient
ou expliquaient cette attitude du roi. Il

semble que Louis XV lui ait su gré de ne
s'être pas trop longtemps associé à l'opposition parlementaire, danger si pressant pour
l'absolutisme royal qu'il tira de l'indifférence
un monarque d'ordinaire indolent et ennemi
de la violence.

Admis à présenter ses vœux au roi à l'oc-
cation du nouvel an (1773), le duc de Chartres
le fit en fort bons termes, avec aisance et
noblesse. De ce jour, il se reprit à fréquen-
ter Versailles très assidument. La jeune
Dauphine, et son inséparable Madame de
Lamballe, lui témoignèrent, par affection
pour la duchesse, de l'affabilité, le comte
d'Artois cette amitié juvénile dont il était
volontiers prodigue. Abandonnant la calme
et familiale existence du Palais-Royal, la duchesse de Chartres qui n'avait, durant la disgrâce des princes, paru à la cour que par
ordre, fut de tous les bals de la Dauphine.
Elle n'y témoignait pas seulement à son ordinaire de simplicité et de bonne grâce sou-
riante, on se plaisait à admirer en elle cette

sorte d'éclat rayonnant que met le bonheur au front de certaines femmes.

On peut douter que le duc et la duchesse de Chartres aient vécu époque plus heureuse. Dans le temps où l'accueil du roi se faisait flatteur, où le duc recouvrait une à une les pensions dont sa maison avait été un instant privée, le peuple, en souvenir de son essai d'indépendance, lui gardait un respect affectueux. Le sentiment de ce que chacun, un prince plus qu'aucun autre, doit à la royauté, était trop fort pour qu'on lui garda rancune d'avoir fait soumission. On peut fronder le roi, on ne résiste pas aux ordres royaux. Distinction qui semble maintenant subtile, alors aussi nette que celle qui fait qu'on distingue aujourd'hui les représentants du culte, dont l'indignité n'est de rien, de la religion. Et c'est ainsi que le peuple de Paris à toute occasion marquait au duc et à la duchesse son affection. Outre ce que la bienveillance royale et une popularité qui s'affirme peuvent apporter d'orgueil heureux à l'âme d'un prince, le duc trouvait dans la société du Palais-Royal des sujets de joie. Ses amours avec Madame de Genlis avaient pris une forme nouvelle et après les premiers orages de la passion glissaient à un sentiment de tendresse maternelle. Il avait sacrifié à Madame de Genlis, à peu près, les vierges folles dont il aimait jadis la compagnie bruyante, et cela lui valait de la part de la duchesse un redoublement d'amour prévenant et docile. Confiante et les yeux bandés comme toute amoureuse, la duchesse était reconnaissante d'un sacrifice qui n'en était un qu'à peine, et qu'il avait fait à une autre.

Le Palais-Royal en prend un air de joie, car entre deux voyages à Versailles, le duc et la duchesse y donnent à danser. A la cour ils sont de toutes les cérémonies et de toutes les fêtes durant le carnaval de 1773, un des plus joyeux, comme s'il eût été opportun d'y dissimuler sous des gaietés de parade les querelles et les dissentiments intimes. Point de moment, en effet où la cour ait été plus

divisée et par des partis plus prêts à en venir
aux mains. Le duc d'Aiguillon qui a eu raison
de la faction Choiseul n'a pu désarmer la
famille royale, Madame du Barry n'a vaincu
ni l'hostilité affichée de la Dauphine, ni les
attaques sournoises de Mesdames. Tous
assistent à la lente décrépitude du roi, dont
les évanouissements et les faiblesses deviennent fréquents. Louis XV de jour en jour
marque une lassitude plus grande, sinon du
pouvoir, du moins du gouvernement. Que
d'émois et de sujets de craintes pour la favorite et le premier ministre ! Comme s'ils
cherchaient à faire illusion par leur gaieté,
M. d'Aiguillon donne à danser en l'honneur
de Madame du Barry qui, pour n'être point
en reste, offre la comédie dans son nouvel
hôtel de l'avenue de Versailles.

Ce ne sont à la cour que fêtes et bals, on
danse chez Madame de Noailles, chez la
Dauphine, chez Madame de Provence. Bien
mieux, si par hasard il n'y a ni jeu, ni comédie, ni grand appartement, ni souper des

Les ombres de tous mes parents qui
ont péris par la main d'un assassin
crient vengeance surtout mes deux frères
et mon fils ainé péris par le poison .
M. D . Le Monstre Infernal

On voulait me faire quitter paris et la france
pour se défaire plus facilement de moi en me
faisant perir par le fer, ou par le poison ;
mais, la providence protège toujours la vertu
le chatiment suprême quoique tardif tombe.
toujours sur le coupable . un Lache un Traître
M . D Imposteur

C'est la malheureuse Maria STELLA qui fait
connaitre l'homme qui depuis 66 ans, usurpe
son nom, ses titres, sa fortune et le nom de
français, lui fils d'un geôlier italien. C'est elle
qui a sacrifié depuis 11 ans pour le bien de sa
patrie, son revenu, son repos, et sa santé ;
mais elle veut vaincre, ou périr grâce du
Diable; fils légitime d'un geôlier italien
grand malfaiteur, Voleur,
Empoisoneur, assassin, un très
noble professeur de tous les crimes,
un véritable Peste universelle. Voilà tous les titres qu'appartien-
nent à sa haute naissance
M. S. d'Orléans

petits cabinets, on fait partie de venir à
Paris, à l'Opéra, où les bals font fureur, où la
gaieté est extrême et les masques du dernier
plaisant. Il n'est pas jusqu'à la Dauphine qui,
un jeudi de février, n'y entraine le Dauphin,
le comte et la comtesse de Provence. En
compagnie nombreuse, le duc de Chartres et
le duc de Bourbon y mènent joyeux train :
comme le domino n'est qu'un masque d'illusion, ils ont tôt fait de reconnaître la Dauphine. Il se trouve qu'il y a bal chez la duchesse de Chartres au Palais-Royal, pourquoi
n'y pas achever la nuit ? L'idée sourirait à
Marie-Antoinette, si le Dauphin timide, n'ex-
cipait de la permission limitée accordée par
le roi : Sa Majesté a toléré l'Opéra, mais
n'a point parlé du Palais-Royal. Sans doute
est-ce simplement parce qu'elle ignorait qu'on
y dansât, mais c'est à quoi ne songe peut-être
pas le Dauphin. Il ne peut ignorer, en effet,
que Louis XV marque depuis quelque temps
au duc de Chartres la plus affectueuse bienveillance. Le duc et le roi sont restés, à

quelques jours d'intervalle, enfermés plusieurs
heures, et c'est un sujet de conversation pour
les courtisans. On ne s'explique pas la froideur
de Louis XV pour le duc d'Orléans, le seul
des princes qui accepte de faire sa cour à la
favorite, moins encore ses entretiens ami-
caux avec le duc de Chartres, dont on connait
l'attachement pour M. de Choiseul, qui
parle d'aller à Chanteloup, dans les premiers
jours de mars. Le secret qu'agitent le roi et
le duc n'en sera plus un dans quelque temps
et chacun saura, ce qu'on s'était d'abord refu-
sé à croire, que le duc d'Orléans a reçu permission d'épouser Madame de Montesson.
Ce n'est pas en vain que le vieux duc aura
eu recours à la protection impertinente de
la du Barry. « Epousez toujours gros père. »
Il épousera ; mais, de l'expresse volonté du
roi, le mariage sera secret, l'épouse n'aura
droit ni au nom, ni aux armes, ni entrée
à la cour. C'est ce que réclamait le duc de
Chartres, ce qu'a imposé le roi. La marquise
ne triomphe qu'à demi : elle devra se borner

à régner à Villers et dans le somptueux
palais, bâti pour elle à la Chaussée d'Antin,
qu'un étroit couloir relie au petit hôtel voisin
du duc d'Orléans. Ce mariage a été pour le
duc de Chartres, en dépit de son insouciance
ordinaire, un sujet de craintes et d'ennuis. Il
a eu un personnage difficile à jouer, devant
en dépit qu'il en eût, masquer de déférence
et de politesse le parti arrêté de n'aller désormais à Villers que seul, sans la duchesse,
dont la droite morale répugne à tout com-
promis. Quel conseiller discret et averti n'a-
t-il pas eu en Madame de Genlis, nièce et
élève de Madame de Montesson, d'esprit si
souple et qui sait mieux que personne les
attitudes qui conviennent et les concessions
qui importent pour ne point s'aliéner la
« tantâtre. »

C'est pendant la nuit du 24 avril, dans une
chapelle basse de Saint-Eustache, en présence des témoins d'usage, qu'a lieu la cérémonie. Nul écho n'en est parvenu au public.
Qu'importe d'ailleurs ? Une petite chose, un

espoir qui naît et qui veut être a, depuis un mois, changé la vie au Palais-Royal. C'est vers la fin de mars qu'à des dégoûts subits et à des fatigues légères, la duchesse de Chartres a cru deviner qu'elle n'avait pas en vain fait le voyage de Forges. A peine ose-t-elle y croire et il faut que la Faculté, après la saignée d'usage, affirme avec force pour que le doute ne soit plus permis. Quelle joie pour elle que cet espoir de maternité prochaine, comme elle abandonne volontiers tout voyage à la cour et toute soirée même. Sans doute songe-t-elle avec un peu d'amertume encore à un espoir pareil détruit par aventure.

La joie du duc de Chartres n'a point le même caractère d'intimité discrète, le bonheur semble multiplier son activité. Il est assidu aux cérémonies religieuses de Versailles, et le jeudi saint, 8 avril, sert les pauvres avec les princes après le lavement des pieds. Surtout il a depuis deux ans un objet nouveau d'occupation. Plus par hasard que par dessein déterminé, il est devenu dans la franc-maçonnerie un personnage considérable. La mort du comte de Clermont l'a fait d'abord maître de la Grande Loge, il est depuis le début de mars 1773 grand maître de toutes les loges à l'Orient de Paris et apporte à ces fonctions, pour lui à ce moment dans leur nouveauté, un zèle extrême. Durant que Mme de Chartres berce ses espoirs dans l'intimité du foyer, il est fort occupé des destinées de la maçonnerie française. Dans les jours mêmes où l'état de la duchesse ne fait plus question, du 7 au 14 avril, il préside chaque soir les réunions du Grand Orient. Il entreprend de faire des prosélytes, voire de décider le duc d'Orléans à entrer dans une des Loges dont il a le gouvernement. C'est un moyen d'action sur l'esprit faible et débonnaire du duc qu'a suggéré Madame de Genlis et qui est habile.

La duchesse dont la grossesse menace devoir être pénible, ne doit plus être une gêne pour les amoureux et sans doute se reprendraient-il à réciter les jolies litanies qu'ils égrenaient à Forges et où les « mon cœur » répondaient à « mon amour », « ma mie », si les enfants de Madame de Genlis, brusquement atteints à la fin d'avril de la rougeole n'étaient presque aussitôt au plus bas. La comtesse s'installe à l'Arsenal et ne quitte plus le chevet de ses enfants dont l'un, son fils, est emporté presqu'aussitôt. Bientôt elle est fort sérieusement atteinte à son tour. Les courtisans du Palais-Royal assurent que le duc ne s'en montre pas très affecté. Peut-être dissimule-t-il. Pourquoi, en effet, si cette absence ne lui était pas une peine solliciterait du roi à ce moment même, (vendredi 7 mai) l'autorisation d'aller servir dans la flotte à Toulon ? Le roi refuse. Il juge que durant le temps d'une grossesse qui n'est pas sans danger il convient que le duc demeure auprès de Madame de Chartres. Le jeudi 13 mai, il accompagne Louis XV et les princes à la revue des gardes suisses et françaises à la plaine des Sablons. Le lendemain, il préside sans plaisir au Grand Orient, puis, à la suite d'une nouvelle démarche auprès du roi, est autorisé à aller visiter les haras royaux et l'abbaye de la Trappe. Parti le jeudi 27, il est de retour le 29, rappelé brusquement par une crise aigüe de goutte du duc d'Orléans. Le 30 après la messe de la Pentecôte à la chapelle de Versailles, M. de Chartres peut rendre compte au roi de son très court voyage.

Tout le début du mois de juin est pris par les préparatifs des fêtes que va donner la bonne ville de Paris au Dauphin et à la Dauphine qui vont y faire leur entrée officielle. C'est un concours extraordinaire de monde. On est curieux de voir la future reine, alors dans tout l'éclat de ses vingt ans. On parle avec admiration de son teint éblouissant, de ses cheveux mêlés d'or roux et d'or pâle, tous ceux qui l'on approchée affirment que son sourire est magique. M. de Brissac a raison, qui, d'un geste large embrassant la foule, dit à Marie-Antoinette : « Madame, vous avez là deux-cent-mille amoureux de vous », la grande ville fait en effet à la jolie Dauphine un accueil empressé d'amoureux. Le duc de Chartres, ainsi qu'il convient, accompagne la reine de demain, avec discrétion, peut-être avec de l'ennui auquel de la jalousie se mêle. N'est-il pas accoutumé d'être le roi de Paris ? A peine la duchesse de Chartres peut-elle assister au grand gala de l'Opéra, encore l'a-t-on avec précautions installée dans sa loge qu'un couloir relie à ses appartements.

Il semble que la vie paraisse vide au duc de Chartres, soudain privé de l'épouse et de la maîtresse dont la convalescence se prolonge, il revient par une pente naturelle aux plaisirs aventureux de jadis. Il retrouve ses compagnons de folies, et c'est à eux, à quelques soirées près passées avec sa sœur la duchesse de Bourbon à la Comédie italienne, qu'il consacre les loisirs que le Grand Orient n'occupe pas. Ils sont gais, et ne répugnent point, par telle soirée chaude de juin, à se promener à demi avinés dans les jardins du Palais-Royal, interpellant les filles, chassées l'hiver précédent mais qui, comme les hirondelles, sont revenues une à une au printemps. En telle compagnie les goûts anciens reviennent : un jour le duc se toque de Comus le joueur de gobelets et devient son élève. Soudain il est pris d'un goût pour les jardins dans le style nouveau, à l'anglaise, et n'a point de repos qu'il n'ait transformé une partie de Monceau. Enfin, un beau soir, las peut-être de la monotonie des soupers galants, il se décide à voyager. La permission sollicitée du roi obtenue, le duc part pour la Belgique. Il voyage incognito, sous le nom de comte de Valois. Seuls son ami de Fitz James, un officier de sa maison le chevalier de Durfort et un écuyer l'accompagnent, M. de Thiars qui a du être du voyage demeure. Le duc part le 23 juillet pour Metz et Thionville : le temps de passer la revue de son régiment à Charleville et il gagne Spa, enfin Belœil, car tel est le but réel du voyage, visiter le prince de Ligne chez lui. On admire les féériques jardins de Belœil, on a le temps de plaire à M. de Slahremberg, au prince et à sa société.

Les nouvelles reçues du Palais-Royal ne sont pas pour attirer un mari qui n'est point amoureux, qui n'est galant avec sa femme, comme avec toutes les femmes, que par un besoin naturel de plaire et d'être aimé. La grossesse de Madame de Chartres se poursuit au milieu d'incommodités sans nombre. Madame de Genlis enfin rétablie, redevenue la conseillère intime de la duchesse s'en déclare « excédée ». Elle en écrit au duc. Elle ajoute que les relations avec le duc d'Orléans et Madame de Montesson, toujours délicates, se compliquent encore. La marquise a la « fièvre rouge » au Raincy ; convient-il que la duchesse seule à Paris envoie prendre des nouvelles. N'est-il pas urgent que le duc rentre ? Il revient.

Le samedi 7 août, le duc arrive à Metz pour coucher à l'hôtel du gouvernement, trouve les troupes en armes et les inspecte, il est le 10 à Paris.

Le duc revient au Palais-Royal qu'on n'a pu quitter pour Saint-Cloud tant Madame de Chartres, bien que septembre soit brulant, redoute tout voyage. Au reste en ces derniers temps la duchesse s'immobilise, probablement sur les conseils de Bordeu, son médecin et de Millot, le célèbre accoucheur chargé de mettre au monde l'enfant à naître. C'est cet enfant prochain qui est désormais le sujet ordinaire des conversations et le perpétuel souci, on compte les jours avec enfantillage et conviction. Vivra-t-il ? Que sera-t-il ? Princesse ou prince ? Prince plutôt, c'est le souhait entêté du duc. Petit M. de Valois qu'on attend, vous n'êtes pas seulement l'unique héritier des premiers princes du sang, sur votre tête reposera ce qui reste d'espoir aux légitimés de France.

C'est dans la soirée du mardi 5 octobre que la duchesse de Chartres éprouva les premières douleurs. En même temps qu'on mandait l'accoucheur, Millot, on dépêchait des pages au duc d'Orléans, à Monsieur de Conti et aux princes de Bourbon. Le travail commençait à peine quand le prince de Condé et le duc de Bourbon vinrent rejoindre le duc de Penthièvre et le duc de Chartres dans la chambre de la duchesse. A trois heures du matin on connut que l'événement était proche : trois quarts d'heure plus tard M. de Valois faisait son entrée dans le monde. Peu après le duc d'Orléans arrivait en grande hâte de la campagne, la duchesse de Bourbon de Chantilly, M. de Conti de l'Isle-Adam. On se félicita, puis comme la famille d'Orléans était au complet, on passa dans le grand cabinet de l'appartement de la duchesse. C'est là que par permission expresse de M. l'Archevêque de Paris, datée du 7 septembre, en présence des princes et du curé de Saint-Eustache revêtu du surplis et de l'étole, on ondoya l'enfant. L'officiant était le doyen des aumôniers du duc d'Orléans, l'abbé André Gautier, docteur de Sorbonne, les témoins qui signèrent, des gentilshommes de la chambre du duc de Chartres, le comte d'Hunolstein et le comte de Schomberg qui tenaient l'un et l'autre par des liens d'affection au duc et à la duchesse de Chartres.

La joie du duc de Penthièvre fut extrême et il en témoigna par le présent royal qu'il fit à sa fille. Ce fut une parure complète, collier, girandoles, chaîne avec croix, deux bracelets, bagues, diadème de fleurs et aigrette, le tout de rubis et de diamants du plus rare éclat. Il y joignit un sac à parfiler à frange d'or, enguirlandé de bobines qui avaient pour noyau des rouleaux d'or de 50 louis.

On reçut dans l'après-midi les envoyés qui apportaient les félicitations de Louis XV et des princes. Trois notaires mandés rédigèrent l'acte de notoriété, ainsi qu'il était d'usage pour les princes du sang, puis furent le présenter à la signature du roi. C'est en présence des ducs et pairs, en mentionnant expressément l'absence du Parlement alors en exil, que le roi y apposa sa signature.

Ces formalités achevées, il convenait de
répondre aux félicitations qui affluaient des
apanages et de remercier les bonnes villes
qui avaient fêté par des réjouissances
extraordinaires la naissance du nouvel
héritier de la maison d'Orléans. Grenoble et
Orléans s'étaient particulièrement distin-
guées. Dans cette dernière ville même, on ne
s'était pas borné aux revues, illuminations,
feux d'artifices, par quoi se marquent d'ordinaire les heureuses journées, de par décision
du Corps de ville, tous les enfants pauvres
nés du 5 au 14 avril avaient été pourvus de
layettes. A Paris les plus vives acclamations
s'étaient élevées au Palais-Royal dès qu'on
avait aperçu le jeune duc dans les jardins,
sans langes et porté dans une corbeille par
sa nourrice. Par ordre du duc de Chartres,
chacun fut autorisé à visiter le jeune prince,
à de certaines heures, dans son appartement,
sans autre formalité que de se faire inscrire
chez le suisse du Palais. La presse fut grande
et une partie de la ville défila devant le ber-

ceau avec des mines recueillies, de la
curiosité mêlée de respect : un tel concours de peuple donnait aux princes d'Orléans l'assurance qu'ils étaient toujours les
plus populaires des membres de la famille
royale.

L'accouchement ayant été heureux, la
duchesse de Chartres fut vite rétablie ;
Elle put recevoir le curé et les marguilliers
de Saint-Eustache, paroisse du Palais-Royal,
venus pour prier le duc de Chartres et le duc
de Penthièvre d'assister au Te Deum qu'ils
se proposaient de faire chanter en leur église.
C'est le samedi 16 octobre qu'eût lieu la cérémonie. L'église, dont les murs disparais-
saient sous des draperies blanches, était
éclairée par des milliers de cierges. Une
balustrade fermait la nef de manière à former,
de la grille du chœur à la grande porte, une
enceinte réservée aux princes. Au banc
d'œuvre s'assirent le duc de Penthièvre, arrivé le premier et bien avant l'heure, et le duc
de Bourbon. La duchesse de Chartres y fut

conduite par le clergé qui la reçut à sa descente de voiture pour lui donner l'eau bénite. Peu après, on accueillit au parvis du temple le duc d'Orléans et le duc de Chartres avec des paroles de bienvenue et la cérémonie commença. Sur les bancs des marguilliers se pressaient les maisons des ducs d'Orléans, de Penthièvre, du duc et de la duchesse de Chartres, et tous les amis du Palais-Royal. Comme on chantait le Gloria, Madame de Lamballe fit son entrée qu'on remarqua à peine. Les chants de la maîtrise, alternant avec les cuivres des musiques militaires, produisirent le plus saisissant effet. A la sortie et comme les carrosses se rangeaient, les tambours battirent aux champs : ce fut dans le public une acclamation unanime.

Le lendemain, à l'abbaye de Montmartre, où la duchesse avait été élevée, par les soins de Madame de Montmorency-Laval, comme s'achevait l'octave de Saint-Denis, on chanta un Te Deum qui commencé à 4 heures ne s'acheva que fort tard. Enfin, le 18, les

Petits Pères de la place des Victoires célé-
brèrent une messe solennelle.

La duchesse pour répondre à tant de témoignages d'affection fit les plus larges
aumônes, distribua tout l'argent reçu de
son père, vida sa bourse en charités.
Comme il convenait, la paroisse Saint-Eustache ne fut point oubliée et entre autres
cadeaux douze jeunes filles pauvres reçurent
en dot 1.000 livres chacune.

Il n'est pas jusqu'aux poètes que la naissance de M. de Valois n'ait inspirés. Quelques uns firent tenir à la duchesse leurs
œuvres fort bien calligraphiées et enruban-
nées, le *Mercure* en inséra d'autres ; on fit
même des chansons, dont l'une au moins,
bien qu'assez pauvrement rimée, témoigne
d'une ingénuité charmante.

> La gaieté du père,
> Les doux transports de la mère
> Fait que le grand père espère,
> Au plus tard dans vingt mois,
> Voir naître un frère
> Au duc de Valois

7

S'il en venait un troisième,
Un quatrième, un cinquième
Reçu de même
Te plaindrais-tu ?
Que Dieu te les donne
L'on ne trouvera personne
Qui s'étonne
Qu'il couronne
Ta vertu.

De tels témoignages d'amour, pour être maladroits, n'en touchaient pas moins les hôtes du Palais-Royal car, ainsi que l'écrivait à cette occasion Florian, alors page du duc de Penthièvre et qui se cachait sous le pseudonyme de Polichinelle : « ceux qui sentent le mieux souvent s'expriment le plus mal. »

Il y avait au reste lieu de se réjouir, le jeune prince de Valois se montrait vigoureux et riant et la duchesse achevait sans encombre sa convalescence. Un soir, et comme elle marchait dans l'appartement depuis quelques jours déjà, elle eût permission d'aller dans sa loge à l'Opéra. Elle connut ce jour là, le vendredi 12 novembre, aux applaudissements dont on salua son entrée, de quelles sympathies l'entourait le public. Elle était encore trop faible pour assister au mariage du comte d'Artois dont les cérémonies commencèrent deux jours plus tard.

C'est en effet le jour même de la naissance du duc de Valois qu'avait été imprimé le tableau des fêtes données à la cour. Le 14 novembre, par un beau dimanche d'arrière saison, Marie-Thérèse de Savoie arrivait à Fontainebleau. Le 16 eût lieu le mariage à Versailles, puis, le même jour, grand appartement, jeu dans la galerie et festin royal. Le 17 on joue *Isménor* sur le théâtre de la cour en présence de la famille royale, le 19 il y a bal paré, le 22 bal masqué. C'eût été pour une jeune accouchée de trop dures épreuves, et le duc de Chartres assista seul à ces fêtes. Ce ne fut que le dimanche 12 décembre que la duchesse tout à fait rétablie, vint à la cour recevoir les félicitations du roi. Ce même jour, Louis XV présentait à la comtesse d'Artois la jeune mère dont le front rayonnait.

CHAPITRE VI

Bâtie sur l'un des plateaux qui couvrent toute la partie sud-ouest de la province de Ravenne, la petite ville de Modigliana avait au XVIIIe siècle une situation toute particulière. Bien qu'appartenant au Grand duc de Toscane, elle n'en dépendait pas moins du diocèse de Faenza, situé dans les États du Pape. Elle avait déjà ce caractère spécial à certaines villes italiennes qui tirent de la beauté de leurs monuments, du nombre de leurs palais et de leurs églises, un air d'ancienne grandeur. Il semble que de telles cités

aient un passé de richesse et que la prospérité en ait disparu un jour pour des raisons
lointaines et obscures.

En dehors de la collégiale de Saint-Etienne,
l'un des plus considérables monuments de
Modigliana était alors le Palais Prétorial.
C'est là que naquit, de parents fort humbles,
le 16 avril 1773, une enfant qui devait s'efforcer par la suite de faire quelque bruit dans
le monde. Maria-Stella-Pétronilla fut baptisée le lendemain et déclarée comme née de
Laurenzo Chiappini, huissier public de Modigliana et de sa femme Vincenzia Viligenti. Sa petite enfance n'offrit rien de remarquable et lorsque après un demi siècle elle
recueillit ses souvenirs, ses premières
années, affirme-t-elle, lui apparurent comme un dur apprentissage de la vie. Elle était
la première née d'un assez misérable ménage
qui n'avait pour vivre que le maigre salaire
du père, le geôlier Chiappini.

Une antichambre de prison est pour des
yeux d'enfant un assez pauvre décor que la

dureté des parents rend vite triste et hostile.
La petite Maria-Stella n'eût d'heures douces
que celles passées au Palais Borghi dont
l'élégante architecture se dressait en face de
la prison et qu'habitaient durant la belle saison, la vieille comtesse Camilla Borghi et
son fils le comte Pompéo. La comtesse
aimait sa mine éveillée, ce qui lui valait quelques gâteries. Elle avait quatre ans quand
Chiappini, appelé depuis peu à Florence par
le grand duc Léopold et nommé chef d'une
compagnie d'archers enjoignit à sa famille de
le rejoindre. Ce fut pour Chiappini et les
siens une vie nouvelle, à ce qu'assure Maria-
Stella. Ils eurent une petite maison presque
jolie, un jardin. Chiappini qui aimait la
chère savoureuse et le vin eût coutume d'y
prier souvent des amis à diner. En bon fils,
il avait mandé auprès de lui sa mère et une
sœur, restée vieille fille : toute la famille
vécut dans l'apparence de la prospérité,
presque de la richesse. Sans doute parfois
des disputes, des scènes bruyantes mettaient

du trouble dans cet intérieur d'ordinaire joyeux, mais les cris et les imprécations n'ont pas sous le ciel d'Italie l'importance qu'on pourrait croire. Quand Maria-Stella eût sept ans, ses parents décidèrent qu'il convenait de la faire instruire et on lui procura des maîtres propres à la former dans la danse et le chant. Car, ainsi qu'il est fréquent dans certaines familles italiennes, on avait décidé qu'étant jolie et de tournure élégante. elle devait entrer au théâtre.

Ses débûts de chanteuse se firent quelques années plus tard au Piaʒa Vecchia. Elle ne tarda pas à être remarquée par un lord qui, très vite, s'en éprit follement. Lord Newborough était déjà un vieillard fort peu séduisant et sans doute en avait-il conscience, car, sans s'attarder à une cour difficile, il préféra traiter l'affaire avec le père Chiappini. On tomba vite d'accord : au prix de quinʒe mille francs, d'une rente mensuelle de trente ducats et d'une maison à Fiesole, Lord Newborough fut autorisé à faire de Maria-Stella sa femme, ou sa maîtresse, car ce n'est que par le récit qu'elle en a fait que nous connaissons ces détails et ses mémoires, où le mensonge fleurit, valent d'être lus avec circonspection. A peine est-il besoin d'ajouter qu'elle ne nous fait grâce d'aucune des crises de désespoir et de dégoût qu'un tel marché lui inspira. Ce qui est plus assuré c'est que le mariage fut célébré à Florence et que lord Newborough vint s'installer à Fiesole dans sa nouvelle famille. La vie dans un tel milieu dut paraître moins étrange au noble lord qu'à tout autre : il était accoutumé de vivre entre un fils déjà grand, de goûts ignobles, adonné à l'ivrognerie, et une servante, sa maîtresse, qui l'ayant rendu père en tirait quelque orgueil et le goût de la domination. Cependant comme Chiappini était, après boire, d'humeur difficile, lord Newborough dès que pourvu de fonds, se décida à regagner l'Angleterre. Chiappini délégua à sa sœur le soin d'accompagner Maria-Stella. C'était d'un père attentif, ou d'un homme qui savait qu'un tel chaperon serait très propre à rappeler à lord Newborough les clauses de leur contrat.

C'est en cette compagnie que la nouvelle lady gagna La Haye. Lord Spencer, alors ambassadeur de Sa Majesté britannique les présenta à la cour de Hollande où ils reçurent un accueil flatteur. Après six mois ils partirent pour Londres où la marquise de Modigliana, nom sous lequel lady Newborough fut présentée par son mari, fut fort admirée. Peut-être trop au goût du lord qui alla s'enfermer avec elle dans son château de Glynlliffon, à six milles de Carnarvon, dans le North Wales. On s'occupe des formalités de naturalisation et dès qu'elles sont accomplies, lady Newborough est conduite à la cour par la comtesse de Harcot. Mais le brusque changement de climat, les brouillards du pays de Galles ont atteint la santé de Maria-Stella : on la croit atteinte de phtisie. Une saison aux eaux de Tumbridge Welles la guérit fort heureusement. Et dans ce retour à la

vie, elle se prend à regarder d'un œil plus
tendre son vieux mari. Il s'est montré si
affectueusement paternel depuis bientôt dix
ans qu'ils sont mariés, qu'elle se décide enfin à
être sa femme. Car, c'est au moins ce qu'elle
nous assure, lord Newborough étant trop
vieux à l'heure de leurs fiançailles, elle ne
lui a rien accordé. De cet abandon, naissent,
en deux ans, deux fils, à qui l'on donne
d'illustres parrains, le général Paoli et lord
Bulkeley. Mais lord Newborough est extrê-
ment âgé et s'en va mourir : il s'éteint le 11
octobre 1807, laissant par testament à
Maria-Stella trente-cinq-mille francs de
rente viagère.

C'est aux eaux de Cheltenham, où, après
son deuil elle va rétablir sa santé, que lady
Newborough est présentée à un gentilhomme
russe le baron Ungern Sternberg, qui s'éprend
d'elle et lui fait la cour. Des amis s'entre-
mettent et Maria-Stella se décide à se rema-
rier, encore qu'elle doive du fait de cette
nouvelle union, en vertu d'une clause testa-

mentaire de son premier époux, perdre la direction de ses fils.

Au lendemain du mariage, célébré le 11 septembre 1810, le baron Sternberg et sa femme visitent la Suisse, puis passent en Russie. A part quelques séjours dans l'ile de Dago « où les Sternberg ont d'immenses biens, » la vie de la baronne et de son mari est un perpétuel voyage. Ils vont en Angleterre, à Saint-Pétersbourg, reviennent à Londres et la naissance même d'un fils ne tempère point leur goût des déplacements. Ils semblent par contre après dix ans, avoir perdu le goût de la vie commune. Or, il se trouve, ainsi le déclare Maria-Stella, que c'est à ce moment même que lui parviennent les plus pressants appels de son père Chiappini. La mort a fait autour du vieillard des vides, il est seul ou presque, car tour à tour, mère, femme, enfants, sont descendus dans la tombe; il ne reste auprès de lui qu'un fils, qui est avocat. Chiappini qui sent venir son heure dernière souhaite embrasser sa fille une dernière fois. Maria-Stella se rend à cet appel et part pour l'Italie. Pendant deux années elle y fait séjour, visitant souvent le vieux Chiappini qui se montre pour elle plus respectueux que tendre, humble aussi et presque craintif à l'endroit de « Milady » ainsi qu'il la nomme avec respect.

A la fin de 1820, une attaque terrasse un jour le vieillard ; la vue de sa fille qu'on a mandée aussitôt semble agiter le malade qui a repris conscience, sans qu'on puisse saisir les mots qui se pressent sur ses lèvres défaillantes. On persuade à Maria-Stella de s'éloigner et on ne la laisse approcher de son père que quand il a cessé de vivre. Par les soins de sa fille de belles funérailles sont faites au vieux geôlier. Dès qu'elle s'est assurée qu'il ne laisse point d'héritage, Maria-Stella part avec son fils pour Livourne et après quelques semaines s'installe à Sienne. C'est là qu'elle reçoit par la poste l'étrange lettre qui suit :

Milady,

Je suis finalement arrivé au terme de mes
jours sans avoir dévoilé à personne un secret
qui regarde directement vous et moi. Ce
secret est le suivant :

Le jour que vous naquîtes d'une personne
que je ne puis nommer et qui est déjà passée
dans l'autre vie, il me naquit aussi un garçon. Je fus requis à faire un échange, et
attendu ma fortune de ce temps, je consentis
à des propositions réitérées et avantageuses
et ce fut alors que je vous adoptai pour ma
fille, de la même manière que mon fils fut
adopté par l'autre partie.

Je vois que le ciel a suppléé à mes fautes
puisqu'il vous a placée dans un état de meil-
leure condition que votre père, quoiqu'il fut
dans un rang presque semblable, et ce qui
me fait terminer ma vie avec quelque repos.

Gardez ceci par devers vous, pour ne pas
me rendre totalement coupable : oui, en vous
demandant pardon de ma faute, je vous prie
de la tenir, s'il vous plait, cachée, pour ne

point faire parler le monde sur une affaire sans remède.

Cette lettre ne vous sera remise qu'après ma mort.

Lorenzo CHIAPPINI.

On peut imaginer quel trouble une telle nouvelle mit dans l'esprit de Maria-Stella. Il lui fut aisé d'apprendre que la lettre avait été confiée à la poste de Florence. A la suite d'une enquête rapide, elle apprit en outre qu'il existait quelques personnes qui avaient connu Chiappini au temps où il était geôlier à Modigliana. Elle ne parut point d'abord pressée de les interroger. Par contre, elle manda auprès d'elle l'abbé Ringrezzi confesseur de Chiappini, qu'elle interrogea avidement L'abbé suppose qu'elle est la fille du grand duc Léopold et qu'ainsi s'explique le brusque changement de fortune de Chiappini. (1) Des

1. Dans ses mémoires Maria-Stella déclare avoir, dès ce moment, su d'un sieur Fabroni, *neveu du confesseur de feu* la comtesse Borghi, qu'elle était la fille, non de Chiappini, mais d'un grand seigneur français, le comte de Joinville. Cela est évidemment faux car si cette déclaration avait eu

mois se succèdent et lentement chez cette
femme orgueilleuse, riche, d'imagination
fébrile, cette pensée se cristallise qu'elle ne
peut qu'être la fille d'un grand seigneur. A
Florence, les amis auxquels elle se confie ne
l'en dissuadent point. On lui conseille sans
doute de faire expertiser la lettre de Chiappini, ce à quoi elle se décide, et le 17 décembre 1822, les experts choisis affirment qu'elle
est bien l'œuvre de l'ancien geôlier. Un mois
après, durant un séjour à Rome, elle obtient
du cardinal Consalvi, qu'on fouille les archives du Vatican, qui de tous temps ont été
tenus pour conserver les actes secrets, les
archives sont vides. C'est alors seulement
que Maria-Stella se décide à gagner Faenza.
Il y a dans cette ville deux anciennes servantes de la vieille comtesse Camilla et du
comte Pompéo Borghi qu'on déclare infor-
mées et qu'elle souhaite interroger. Les

lieu, Maria-Stella eut certainement obtenu de Fabroni un
témoignage écrit, ou au moins demandé à ce qu'il fut enten-
du au procès.

sœurs Marie et Dominique Bondini, filles d'un ancien chef d'office de la famille Borghi et introduites à ce titre jeunes encore dans la maison, gardent le souvenir d'avoir, au printemps de 1773, accompagné le comte et la comtesse venus prendre à leur château de Modigliana leur quartier d'été. Dès leur arrivée, les Borghi trouvèrent installés dans le palais prétorial un jeune gentilhomme et sa femme. Ce couple d'allures aimables se lia avec le comte et la comtesse Borghi. Ils auraient, à quelque temps de là, témoigné de l'inquiétude où ils étaient que la jeune comtesse — car ce gentilhomme était comte — alors dans un état de grossesse fort avancée ne mit au monde une fille : or un héritage était lié à la naissance d'un fils. Pourquoi la comtesse Camilla et son fils ne s'entremettraient-ils pas ? Le très pauvre ménage du geôlier Chiappini attend aussi un enfant : si la femme du comte accouchait d'une fille et la femme du geôlier d'un fils, pourquoi n'opérerait-on pas un échange. Le comte est prêt à récompenser largement une telle complaisance. Le comte Pompéo et sa mère décident Chiappini et sa femme à accepter cette offre. Enfin, et comme les faits vérifient les appréhensions du comte, la substitution a lieu (1) : Sans doute, les sœurs Bondini ne doutent-elles point que le neveu et héritier de la comtesse Camilla et du comte Pompéo, le nouveau comte Borghi, ne possède dans ses papiers la preuve d'un tel troc. Le comte Borghi déclare que ses archives ne contiennent rien. Par contre l'avocat auquel Maria-Stella a confié sa cause peut obtenir divers témoignages. Les uns tendent à prouver que le fait de la substitution a été connu du public, d'autres que de ce chef même, pour fuir le scandale et dans la peur d'être arrêté, le jeune comte a dû se réfugier à Brisighella dans le couvent de Saint-Bernard. C'est là, et malgré l'immunité ecclésiastique, qu'il

1. On n'a fait état ici que de la déposition des sœurs Bondini reçue par le tribunal, non de celle que rapporte Maria-Stella qui est de pure fantaisie.

fut arrêté sur l'ordre du cardinal-légat, conduit aux prisons de Ravenne, puis relâché.

Un autre témoignage, celui du secrétaire de la commune de Brisighella, Dominique de la Valle, donnait le nom du fugitif : c'était un grand seigneur français et qui portait le nom de comte Louis de Joinville.

D'après ces témoignages, l'avocat de Maria-Stella obtint que l'affaire fut appelée devant le tribunal ecclésiastique de Faenza.

Maria-Stella se bornant en effet à demander la rectification de son acte de naissance et qu'on l'y déclara née du comte et de la comtesse de Joinville, il n'appartenait qu'à l'autorité ecclésiastique, seule chargée des régistres de l'état civil, d'en décider.

On assigna donc le frère de Maria-Stella, Thomas Chiappini et on nomma au comte et à la comtesse de Joinville, déclarés absents, un curateur pour les représenter. C'est au mois de mai 1824 que l'affaire vint devant le tribunal.

CHAPITRE VII

Le tribunal ecclésiastique de Faenza, devant lequel fut appelée l'affaire Chiappini, se composait en fait du vicaire général Valério Boschi, assisté d'un greffier, Ange Morigi.

Il n'est pas inutile de savoir ce qu'étaient ce juge et ce greffier.

Le chanoine Valério Boschi, issu d'une famille patricienne de Faenza et neveu du cardinal Boschi, était né le 30 janvier 1762. A vingt-cinq ans, après de brillantes études à l'Université de Macerata, il avait été pourvu

d'un canonicat à Faenza. Il dut à des circonstances particulières plus qu'à ses talents
d'être nommé provicaire général de l'évêque.
Celui-ci, en effet, Etienne Bonsignore, lettré
aimable, philosophe de mérite qui vécut au
milieu d'un cercle de savants distingués,
avait été en 1811, après le concile de Paris,
et en récompense de sa docilité aux volontés
de Napoléon 1er, pourvu du patriarcat de Ve-
nise. Le retour de Pie VII avait marqué le
commencement de sa disgrâce. Il fut contraint
de retourner à Faenza et encore n'y fut-il
plus évêque que de nom. Rome lui imposa
un vicaire général, Boschi alors prévôt du
collège des chanoines de sa cathédrale. Mgr.
Bonsignore cessa en fait, à dater de ce jour,
d'être évêque. Point d'homme plus honnête
et plus pieux que le chanoine Boschi, peu
d'homme dont la bonté fut plus générale.
Cette douceur même et cette candeur firent
parfois de lui le jouet du greffier Ange Morigi. Ce fut un bruit public, au moment du
procès de Maria-Stella, que toute l'affaire

était adroitement menée par Morigi, qu'un
des témoins essentiel avait été suborné, que
le jugement ne fut qu'une triste comédie
dont la première dupe fut le chanoine Boschi.
S'il ne convient point, historiquement, de
s'appuyer absolument sur de tels bruits, il
convient au moins de les mentionner.

Que fournit l'énoncé du jugement rendu le
29 mai 1824 ? Cette certitude première que
les dépositions visent trois ordres de faits
distincts : d'abord qu'une substitution a eu
lieu ; puis cette affirmation que la substitution a eu pour auteur un gentilhomme réfugié
au couvent de Saint-Bernard et qui fut arrêté ; enfin que ce gentilhomme était français
et avait nom le comte Louis de Joinville.

Le fait de la substitution est affirmé par
le vieux Chiappini, par les sœurs Bondini,
par d'autres témoins qui rapportent un bruit
accrédité dans le public, et il est impossible
de ne pas l'admettre. Chiappini l'avoue dans
une lettre écrite en songeant à la mort, dans
la peur du châtiment de Dieu et alors qu'il

n'a nul intérêt à mentir : sa lettre existe, elle
à été l'objet d'expertises, et le juge la retient.
C'est en outre une tradition locale que cette
substitution a eu lieu, qu'elle a provoqué
une sorte de scandale, dont l'écho n'est pas
éteint. Enfin les sœurs Bondini en témoignent
et leur temoignage, bien qu'émanant de
vieilles servantes de plus de soixante-dix
ans et visant des faits qui remontent à un
demi siècle, ne peut être négligé. Mais qu'on
prenne garde que dans leur déposition telle
qu'elle a été recueillie par le tribunal, il n'est
point dit autre chose.

Elles déclarent qu'un comte X a troqué sa
fille contre un fils de Chiappini. C'est une
autre série de témoignages qui permet d'établir que ce comte s'est réfugié au couvent de
Saint-Bernard et y a été arrêté, ceux d'un
ancien barbier du couvent Joseph Querzani,
d'un ancien caporal de la milice Jean-Marie
Valle, enfin celui de Dominique de la Valle,
secrétaire de la commune de Brisighella.
Et il n'est pas douteux en effet que le per-

sonnage qui opéra le troc est le même qui
fut arrêté à Brisighella.

Mais seul le témoignagne de Dominique de
la Valle contient une troisième déclaration :
*ce personnage se faisait appeler le comte Louis
de Joinville.* Par malheur, les lettres que
de la Valle déclare avoir vues signées de ce
nom dans les archives du couvent ont disparu et son affirmation ne repose sur aucune
preuve. Bien mieux, on a toujours considéré
à Brisighella que son témoignage était plus
que suspect. La seule déposition qui le con-
firmerait et qui est celle du comte Borghi,
lui a été imposée, de l'aveu de Maria-Stella
elle-même, par l'autorité écclésiastique. Il
dit d'abord que comme héritier des Borghi,
il a en main une lettre datée de Turin et signée
Louis comte de Joinville, dont une phrase l'a
frappé, qu'il a lu souvent cette lettre, puis
l'a détruite un jour. C'est donc de mémoire
qu'il en reconstitue le texte et il faut que sa
mémoire soit singulièrement défaillante pour
qu'il rétablisse sa phrase d'abord sous cette

forme : « *Quand (au fils) que vous connaissez, il ne me reste que le chagrin de l'avoir perdu et je n'ai plus aucun scrupule à son égard.* » Puis, sous cette autre très différente : « *L'enfant troqué est mort et il ne me reste plus de scrupule à son égard.* »

Là encore, il semble assuré que des raisons qui n'ont rien de commun avec le souci de la vérité sont intervenues et ont décidé le comte Borghi à donner une version nouvelle et singulièrement affirmative. On voit assez que si l'on doit tenir les deux premières inconnues du problème, substitution et identité de l'auteur du troc et du prisonnier de Brisighella comme résolues, il n'en va pas de même de la troisième, c'est à savoir, que le coupable était un gentilhomme français, qui avait ou prenait le nom de comte de Joinville.

Mais, eût-on établi ce dernier fait, il ne s'en suivrait pas du tout que ce gentilhomme fut le duc de Chartres. Car, c'est une quatrième question, dont le tribunal de Faenza

n'a pas eu à connaître, que celle de savoir
si le douteux comte Louis de Joinville qui,
en 1773, séjournait avec sa femme à Modigliana, n'est autre que le duc de Chartres.
Maria-Stella l'affirme, mais elle l'affirme
seule et il n'est pas douteux qu'elle ment et
qu'elle sait qu'elle ment. Il lui eût suffi d'une
enquête de quelques jours, à Paris, pour
s'assurer qu'il était matériellement impossible
que le duc de Chartres fut en avril 1773 en
Italie, puisqu'il était à Paris ; impossible que
la duchesse ait accouché en avril à Modiglia-
no, puisqu'elle accoucha en réalité et sans
possibilité de simulation au Palais-Royal en
octobre de la même année.

Qu'en avril 1773, le duc de Chartres fut à
Paris, c'est ce qu'il était aisé de découvrir.
Il suffit en effet d'ouvrir *la Gazette de France*,
à l'article des nouvelles de la cour pour s'assurer que le 8 avril, jour du jeudi-saint, il
était à la chapelle de Versailles avec la famille royale, et qu'après la messe, il fut l'un
des princes, qui par une pieuse et fort an-

cienne coutume, servaient ce jour là les pauvres à table.

Maria-Stella eût trouvé, dans la même gazette, que le 13 mai le duc de Chartres assistaît aux côtés du roi à la revue des gardes suisses et qu'il ne s'absenta de Paris du 27 au 30 que pour une courte visite aux haras royaux. Celà eût dû suffire à Maria-Stella et lui eût suffi en effet, si sa réclamation eût été sincère. Il est possible au reste de compléter ces informations par des documents contemporains qui sont formels. Le duc de Chartres présida au Grand Orient tous les soirs du 7 au 14 avril et vers le 25, il eût à Paris avec la princesse de Monaco un assez long entretien. Il parut à la princesse qu'il était gai et point trop affecté de la maladie de Madame de Genlis alors atteinte de la rougeole. Enfin, le 7 mai, le duc de Chartres fut reçu par le roi qui lui refusa l'autorisation d'aller servir sur la flotte à Toulon à cause de la grossesse de la duchesse. C'est en effet du 4 au 15 avril que la duchesse

de Chartres supposée enceinte fut saignée.
On tenait avant de déclarer la grossesse à
ce que ses médecins s'en assurassent. Le
fait fut rendu public et l'on sut à la cour, au
milieu d'avril, que la duchesse était enceinte
d'environ trois mois.

La preuve est faite que le duc et la duchesse
de Chartres étaient à Paris au jour même ou
Maria-Stella naissait en un village perdu des
Apennins. Complétons là encore. Sans s'arrêter au ridicule qu'il y a à admettre que le
premier prince et la première princesse du
sang aient pu quitter Paris et voyager en
Italie, sans que la cour ni personne en ait
été informé, envisageons un instant la ridicule thèse de Maria-Stella. Il est aisé de
voir qu'elle ne résiste pas au simple bon sens.
Il a fallu si la duchesse a mis au monde un
enfant le 16 avril 1773 en Italie, qu'elle fut
enceinte depuis le milieu de juillet 1772. Elle
a donc dissimulé sa grossesse pendant huit
mois et entre temps assisté à Versailles à
toutes les fêtes de la cour, à toutes les

chasses et à tous les bals. Elle a vécut huit mois avec ce secret, entourée de ses filles de chambre et de ses dames dans ce palais de verre qu'est l'appartement d'une princesse. Puis, à son retour d'Italie elle aurait dû simuler une grossesse à son début et pendant six mois donner l'illusion que cette grossess approchait de son terme. L'accouchement a lieu : dans sa chambre assistent au travail, le duc de Penthièvre, le duc de Chartres, le prince de Conti, le duc de Bourbon, sans compter les dames de la maison de la duchesse. Le médecin Millot qui l'assiste fait ce tour de prestidigation d'accoucher une femme qui n'est point enceinte et présente aux princes un enfant. Et quel enfant, un nouveau né qui, venu au monde à Modigliana en avril, a tantôt six mois. Et tout le monde aurait accepté d'être dupe et de fermer les yeux. Princes, médecins, serviteurs et le public même, admis à défiler devant le berceau. Ce qui est pour surprendre c'est que des pamphlétaires se disant historiens aient essayé d'en imposer avec de tels récits.

Que les jésuites ainsi qu'il apparut au procès Affenanër (1845) s'en soient fait une arme
contre la monarchie de 1830, que de nos jours
tels Naundorffistes en usent encore dans un
puéril esprit de compétition, il est possible ;
mais les honnêtes gens, ceux mêmes qui sont
le plus nettement hostiles à l'idée royaliste
ne peuvent que le regretter. L'excuse des
passions politiques en de telles matières
n'en est pas une, et le mensonge est une in-
famie, de quelque prétexte qu'on le colore.

APPENDICE

Que reste-t-il donc de la thèse de Maria-Stella ? C'est ce qu'il faut examiner. Il est démontré qu'elle n'était pas la fille du duc et de la duchesse de Chartres, on doit aussi tenir pour certain qu'elle n'était pas née des époux Chiappini : les témoignages reçus par le tribunal de Faenza, la lettre du vieux geôlier, le bruit public même l'ont établi. De qui donc était-elle la fille ?

Il y a eu troc, et le père de Maria-Stella,

effrayé par le scandale d'abord, puis, bien
que grand seigneur, menacé d'arrestation,
s'est enfui de Modigliana pour se réfugier,
comme en un lieu inviolable, au couvent de
Saint-Bernard à Brisighella. Surveillé par les
sbires qui s'étaient aperçus qu'avec le temps,
et plus assuré de l'impunité, il se hasardait
jusqu'à se promener hors de l'enceinte du couvent, il fut surpris un jour sur le pont du Rio
de Monticello et conduit sous escorte aux
prisons de Ravenne. Que l'hôte des Bernar-
dins de Brisighella et le père de Maria-Stella
soient un seul et même personnage c'est ce
dont on ne peut douter car les témoignages
abondent. Jean-Marie Valla, Joseph Querzani, coiffeur du couvent, Joseph Tondini,
Lodovichetti qui l'a conduit à Ravenne, en
témoignent formellement et le fait est si
constant qu'à aucun moment à Brisighella ni
à Modigliana, localités très voisines et en
relations continuelles de voisinage, il ne s'est
élevé de doute à cet égard. Aussi bien est-ce
l'opinion de Maria-Stella elle-même. Ce

grand seigneur quel est-il? Un dossier trouvé
dans les Archives de Brisighella l'établit (1).
Ce dossier contient en effet un certain nombre de lettres, écrites par le vice légat de
Ravenne au gouverneur Niccolo Perelli, qui
montrent que l'étranger arrêté en 1773 au
couvent de Saint-Bernard, conduit à Ravenne
et de là à la prison de Fort Urbain, par ordre
et à la disposition du Saint-Office, n'était
autre que le comte Charles Battaglini.

On n'a sur lui d'ailleurs que d'assez brefs
renseignements. Il appartenait à la très noble
famille Battaglini, de Rimini, se prénommait
Charles-Alexandre et était fils du comte
Ludovic-Bernard. Il quitta Rimini, de bonne
heure pour Ravenne où il vécut quelques
années. Sur la fin de sa vie, en 1796, il fit
une donation entière et irrévocable de ses
biens à son frère le comte Gaëtan-Gaspard

1. Ce dossier a été dépouillé pour la première fois en 1830
par l'historien italien Antonio Metelli qui en a tiré quelques
pièces pour son long travail sur Brisighella et le Val
d'Amone.

Battaglini. Ce dernier détail permet d'affirmer qu'il n'avait pas d'enfant et laisse supposer qu'il ne fut point marié. Il ne serait
donc pas impossible que la femme qui l'accompagnait à Brisighella et y mit Maria-
Stella au monde fut une maitresse qui souhaitait cacher et grossesse et naissance,
mais ce n'est là qu'une hypothèse, vraisemblable certes mais qu'il convient de ne produire
qu'avec réserve : l'histoire ne saurait en effet
s'arrêter à des hypothèses.

Ce qui demeure établi, c'est que Maria-
Stella était fille non du duc et de la duchesse
de Chartres mais du comte Charles Battaglini et d'une femme demeurée inconnue. Et
ainsi s'explique cette phrase de la lettre du
vieux Chiappini à lady Newborough : vous
êtes dans une situation supérieure à celle à
laquelle vous donnait droit votre naissance.

Est-il posssible qu'ayant relu souvent ces
lignes et les ayant méditées Maria-Stella ait
pu se croire la fille du duc d'Orléans, le

prince français le plus voisin du trône ? Cela
seul autoriserait à douter de la sincérité de
ses réclamations obstinées. On ne croit plus
à sa bonne foi, quand on a lu les mémoires
rédigés sur sa demande par divers avocats à
la cour de Paris. L'un de ces mémoires, que
nous avons sous les yeux, écrit par Henne-
quin dans cette langue claire et élégante qui
lui avait valu au barreau et au Parlement une
place enviée, lui représente avec netteté la
vanité de ses prétentions. Outre qu'il est
invraisemblable que la pensée put venir au
duc et à la duchesse de Chartres, en 1773,
quatre ans après leur mariage, alors qu'ils
étaient l'un et l'autre pleins de santé et de vie
de se procurer un enfant au prix d'un crime,
il était interdit aux premiers princes du sang
de quitter la France sans l'autorisation royale;
impossible qu'une disparition de quelques
jours même passa inapperçue, impossible à la
duchesse de dissimuler une grossesse puis
d'en simuler une autre alors que l'étiquette
l'obligeait à accoucher presque publiquement.

A cette certitude morale il était possible d'ajouter une certitude de fait : la duchesse de Chartres n'a pas quitté Paris en avril 1773 : nous l'avons établi. Lady Newborough si elle eut désiré le savoir n'eut pas laissé que de l'établir avant nous.

On peut tenir qu'elle n'a point cherché à en avoir de preuves et que les aigrefins qui l'entouraient et dévorèrent sa fortune jugeaient plus expédient et plus profitable de flatter sa manie. Ils la déterminèrent en 1830 à introduire une requête devant le tribunal de 1re instance de la Seine « tendant à rendre exécutoire en France le jugement rendu par la curie épiscopale de Faenza (État de Toscane) le 24 mai 1824 ». Le duc d'Orléans songea d'abord à dénoncer le fait à Charles X et à la Chambre des Pairs ; son conseil lui représenta que c'était donner de l'importance à une demande ridicule, et le duc se borna à faire tenir au tribunal un mémoire de Dupin, établissant l'impossibilité d'admettre les prétentions de la baronne de Sternberg. Le 16 juin le tribunal déclara la dame non recevable dans sa demande « pour ces motifs qu'un jugement tel que celui de Faenza pour être exécutoire demandait à être examiné et jugé par un tribunal plus régulier et qu'elle ne justifiait au reste ni de la descendance ni du domicile du comte et de la comtesse de Joinville. Et la condamnait aux dépens ».

Dès longtemps Madame de Sternberg donnait quelques signes de dérangement mental. Il semble que la révolution de 1830, qui mettait sur le trône son ennemi, ait provoqué chez elle la plus terrible émotion. Dans une lettre au comte Pozzo di Borgho écrite le 27 juillet, elle demande un passeport au nom de Madame Ungern, pour Dieppe d'où elle passera en Angleterre car elle tient ses jours pour menacés.

Madame de Sternberg voyagea, vécut quelque temps en Italie puis se fixa à Nice (alors au territoire sarde), rue de France, près du Palais Marie-Christine. Le gouvernement de Louis-Philippe, qui avait trouvé un certain nombre d'exemplaires des mémoires de Maria-

Stella dans les palais royaux aurait chargé le
général Trogoff de poursuivre la destruction
de ce livre, puis, suivant un bruit qui vaudrait
d'être confirmé, aurait demandé et obtenu du
gouvernement sarde l'expulsion de Madame
de Sternberg.

On a le droit d'en douter. Maria-Stella
vint en effet quelques années plus tard s'établir
à Paris et ne fut point inquiétée. Elle eût pourtant donné le droit à un gouvernement
moins débonnaire de l'expulser. Elle habitait
alors au coin des rues Cambon et de Rivoli,
Hôtel de Bath, un rez-de-chaussée, dont elle
garnissait les fenêtres de portraits, de gra-
vures, de miniatures, de caricatures représen-
tant tous les membres de la famille d'Orléans.
Elle ne se bornait pas à une protestation
aussi platonique, elle adressait à une foule de
gens d'étranges billets remplis de grossières
insultes à l'adresse de Louis-Philippe et qu'elle
signait de Joinville ou même Marie-Etoile
d'Orléans. A demi folle, au témoignage
d'Alexandre Dumas qui la vit alors, elle ve-

cut plus de cinq ans sans sortir, redoutant à
ce qu'elle assurait d'être arrêtée. On rapporte que, chaque jour, elle montait jusqu'au
cinquième étage de la maison où elle s'était
ménagée une chambre, dont la fenêtre toujours
ouverte donnait sur le jardin des Tuileries.
Les oiseaux, auxquels elle distribuait du pain
à profusion, avaient pris l'habitude d'envahir
la chambre et d'y picorer à l'aise. Ils faisaient
à sa vue mille petits cris joyeux dont elle se
réjouissait fort, car n'ayant pu s'asseoir auprès du trône, sa fortune bien amoindrie,
privée de ses fils, sans amis, elle trouvait
une consolation à aimer les hôtes indiscrets
et piaillards mais point farouches et vite
familiers que sont les moineaux parisiens.

Elle mourut à l'Hôtel de Bath, le 28 décembre 1843 et fut inhumée le 31 au cimetière
Montmartre.

Quelque temps avant sa mort, c'était au lendemain de l'ouverture des Chambres, malgré
sa faiblesse qui était extrême, elle tint à s'in-

former du discours du roi, et Marie-Etoile
d'Orléans, avec une familiarité qui ne désar-
mait pas, ordonna simplement : « Passez-moi
le journal, que je lise le discours de ce bri-
gand là ».

former du discours du roi, et Marie-Etoile
d'Orléans, avec une familiarité qui ne désar-
mait pas, ordonna simplement : « Passez-moi
le journal, que je lise le discours de ce bri-
gand là ».

NOTE BIBLIOGRAPHIQUE

Chacune des assertions contenues dans le présent travail reposant sur un document d'archives ou sur un témoignage contemporain, produire des références eut conduit à multiplier à ce point les renvois et les notes que ce livre en eût prit l'aspect rébarbatif d'un travail de pure érudition : c'est un projet auquel on a renoncé. D'autre part, les les lecteurs accoutumés de recourir aux sources n'ignorent pas les mémoires de Besenval, de Collé, de Mme de Genlis, de Mme Campan, du prince de Ligne, les écrits de l'abbé Delille et de Fortaire sur la duchesse d'Orléans et le duc de Penthièvre etc... et savent aussi bien ce que peuvent fournir

TABLE DES MATIÈRES

PREMIÈRE PARTIE

DEUXIÈME PARTIE

APPENDICE

TABLE DES NOMS CITÉS

A

B

C

Chantilly, 33, 59, 64, 70, 71, 72, 92.

Charleville 70, 89.

Charles X (*voyez* comte d'Artois).

Chartres (Louis-Philippe Joseph d'Orléans, duc de) 1, 22, 23, 24, 25, 26, 28, 29, 30, 34, 38, 39, 41, 42, 44, 49, 52, 53, 55, 56, 57, 64, 66, 69, 70, 74, 75, 76, 77, 78, 81, 82, 83, 84, 87, 88, 93, 95, 96, 99, 120, 121, 122, 123, 124, 127, 130, 131, 138.

Chartres (Marie-Adélaïde de Penthièvre, duchesse de) 15, 16, 18, 19, 20, 21, 24, 25, 26, 30, 31, 32, 34, 37, 38, 40, 42, 47, 50, 52, 54, 57, 60, 61, 63, 64, 68, 70, 71, 73, 75, 77, 78, 81, 84, 85, 86, 88, 90, 91, 93, 95, 122, 123, 127, 130, 131, 139.

Châteauvillain (duc de) 16.

Cheltenham (eaux de) 106.

Chiappini (Laurenzo) 101, 102, 103, 104, 107, 108, 110, 111, 112, 113, 115, 117, 118, 127, 130.

Chiappini (Thomas) 114.

Choiseul (duc de) 2, 3, 4, 5, 6, 7, 8, 12, 22, 23, 24, 48, 58, 80, 82.

Choisy 59.

Clermont (vicomte de) 43, 67, 69, 85.

Clermont (vicomtesse de) 42, 62, 69.

Clotilde de France (madame de) 11.

Coigny (duc de) 29, 45, 74.

Collé 34, 37, 137.

Compiègne 12, 47.

Comus 89.

Condé (prince de) 30, 33, 46, 64, 92.

Conflans (m. de) 29.

Consalvi (monseigneur) 111.

N

Q — R

Verberie (camp de) 37.

Versailles 2, 7, 8, 25, 30, 47, 55, 61, 72, 77, 79, 80, 84, 87, 99, 121, 123.

Victoire de France (madame) 4, 11.

Villers-Cotterets 33, 34, 37, 38, 50, 60, 83.

Y — Z

Yvoi (Mademoiselle d') voyez : Chartres (duchesse de)

Zamor 58.

Etat comparatif des dépenses effectuées en 1913 et 1921 sur les services énumérés ci-après entre divers départements et celui des Basses-Alpes

DÉPENSES EFFECTUÉES

DÉPARTEMENTS	Enfants assistés		Assistance médicale gratuite		Assistance aux vieillards		Personnel des Agents-voyers		Entretien des chemins vicinaux (y compris le salaire du cantonnier)		Travaux neufs de chemins vicinaux		[illegible]	
	1913	1921	1913	1921	1913	1921	1913	1921	1913	1921	1913	1921	1913	1921
BASSES-ALPES	[illegible]	[illegible]	[illegible]	[illegible]	[illegible]	[illegible]	[illegible]	[illegible]	271.000	[illegible]	[illegible]	[illegible]	[illegible]	[illegible]
HAUTES-ALPES	[illegible]	[illegible]	[illegible]	[illegible]	[illegible]	[illegible]	83.461	[illegible]	131.681 [illegible]	[illegible]	[illegible]	[illegible]	[illegible]	[illegible]
LOZÈRE	[illegible]	[illegible]	[illegible]	[illegible]	[illegible]	[illegible]	91.367 17	191.296 4[illegible]	[illegible]	[illegible]	[illegible]	[illegible]	[illegible]	[illegible]
CANTAL	[illegible]	[illegible]	[illegible]	[illegible]	[illegible]	[illegible]	91.615 28	249.184 36	[illegible]	2.3[illegible]	[illegible]	[illegible]	[illegible]	[illegible]
ARIÈGE	[illegible]	[illegible]	[illegible]	[illegible]	[illegible]	[illegible]	60.000	150.000	305.000	1.[illegible]	[illegible]	[illegible]	[illegible]	[illegible]
AVEYRON	[illegible]	[illegible]	[illegible]	[illegible]	[illegible]	[illegible]	180.601 8[illegible]	340.300 75	[illegible]	[illegible]	[illegible]	[illegible]	[illegible]	[illegible]
VAUCLUSE	[illegible]	[illegible]	[illegible]	[illegible]	[illegible]	[illegible]	129.802 01	923.506 34	[illegible]	1.338 871 [illegible]	[illegible]	[illegible]	[illegible]	[illegible]
VAR	[illegible]	[illegible]	[illegible]	[illegible]	[illegible]	[illegible]	20.130 44	103.364 31	785.316 06	2 260.430 [illegible]	[illegible]	[illegible]	[illegible]	[illegible]
ISÈRE	[illegible]	[illegible]	[illegible]	[illegible]	[illegible]	[illegible]	918.4[illegible] 9 8[illegible]	812.176 [illegible]4	1.208 [illegible] 04	4.130.104 [illegible]	[illegible]	[illegible]	[illegible]	[illegible]

NOTA. — Les sommes en italique représentent la part de l'État dans chaque catégorie de dépense.

www.ingramcontent.com/pod-product-compliance
Ingram Content Group UK Ltd.
Pitfield, Milton Keynes, MK11 3LW, UK
UKHW021218140726
13695UKWH00002B/617